Любомир Остапів

МАЛЮК ТА БЮДЖЕТ

ЯК УКРАЇНСЬКИМ БАТЬКАМ ВИХОВАТИ ФІНАНСОВО УСПІШНИХ ДІТЕЙ

Yakaboo
publishing

Київ • 2020

УДК 336(0.055.52)
О76

Остапів Любомир
О76 Малюк та бюджет. Як українським батькам виховати фінансово успішних дітей / Любомир Остапів.— Київ : Yakaboo Publishing, 2020.— 224 с. : іл.
ISBN 978-617-7544-67-7

Коли розпочинати розмову з дітьми про гроші? За яку роботу можна платити? Як краще давати кишенькові гроші? Як планувати сімейний бюджет? Скільки і куди потрібно відкладати для якісної освіти? Як виховати свою дитину фінансово успішною?

Якщо перед вами постають подібні запитання, то книжка «Малюк та бюджет» Любомира Остапіва саме для вас. У ній зібрано головне з досвіду провідних західних фахівців і з десятків статей з фінансової грамотності. Автор наводить адаптовані ігрові вправи та історії, якими можуть скористатися українські батьки.

«Малюк та бюджет» — це огляд семінарів, курсів, книжок, мультиків, фільмів, історій на тему дитячих фінансів і підприємництва. Це розмови з українськими батьками різного достатку, яких об'єднав позитивний досвід у навчанні власних дітей і готовність його оприлюднити.

Якщо ви діятимете мудро, то ваша дитина навчиться розумно управляти своїми грошима протягом усього життя.

Книжка — поштовх читачам замислитися над власним фінансовим життям і, можливо, змінитися на краще. Вона допоможе передавати дітям правильні цінності ставлення до грошей і фінансового здоров'я.

УДК 336(0.055.52)

ISBN 978-617-7544-67-7

ЗМІСТ

ПЕРЕДМОВА

Мій син народився у київському пологовому будинку №7 здоровим і життєрадісним хлопчиком у січні 2018 року. Я побачив немовля в перші тридцять хвилин його появи на світ і поклав руку на голівку. Так почався новий етап життя нашої родини.

Було б неправдою сказати, що я подумав про його освіту одразу після народження. Насправді, ми з дружиною розмірковували про навчання дітей, ще коли Ярослав «сидів» у мамином животику.

Батьки хочуть дати дітям хорошу освіту. Я знаю про це не тільки з розмов із друзями та із соціальних мереж. Статистика анкет українських сімей у роботі з фінансовим планером теж демонструє таку тенденцію.

Наприклад, запитання: «Які цілі, пов'язані з дитиною, є для вас найважливішими?». Найпопулярніші відповіді – вища освіта (64%) та «поставити дитину на ноги» (49%). Другий пункт змістовно охоплює і перший, однак, як бачите, деякі родини ставлять позначку навпроти обидвох :)

Могилянка чи КПІ, УКУ чи ХНУРЕ, ДНУ чи Мечникова, Оксфорд чи Кембридж, Стенфорд чи МІТ? Невідомо, чи вибір буде саме такий через вісімнадцять років. Та фонд освіти дитини на такий її вік потрібен у будь-якому разі. На нього відведено цілий розділ. Ми розглянемо практичні інвестиційні інструменти для заощаджень на довгій дистанції.

Та чи дає топовий виш разом із вченим ступенем уміння управляти власними коштами? Сумніваюся. Ваша дитина посилює свої можливості заробляти гроші. Однак, малоймовірно, що вона спланує щомісячний бюджет і відкладе 10% вже з першого ж заробітку. Навчити дітей фінансовій грамотності – це місія батьків!

У червні 2019 року USAID[1] презентувало результати міжнародного дослідження фінансової грамотності, в якому Україна посіла останнє місце з 30 країн-учасниць. Короткострокове мислення та схильність до витрачання грошей замість заощаджень – ті чинники, що потягнули нас на дно. Однак були у звіті і світлі плями. Українці згодні навчати дітей фінансовій грамотності. І вдома, і в школі.

СТАВЛЕННЯ ДО ФІНАНСОВОЇ ГРАМОТНОСТІ	ТАК	НІ
Мені цікаво дізнатися про те, як краще розпоряджатися своїми фінансами	61%	15%
Батьки мають навчити дітей розпоряджатися грошима	91%	3%
Дітей мають навчити розпоряджатися грошима в школі	70%	13%

1 Агентство США з міжнародного розвитку.

Дорогі батьки, пропоную вам створити команду навчання дітей управлінню грошима. Окрім вас, до неї увійдуть прогресивні шкільні вчителі, Міністерство освіти, Національний банк України, громадські організації та світові експерти з персональних фінансів.

Проти команди виступатимуть бізнес-корпорації з багатомільйонними бюджетами на рекламу. Гра буде переважно на гостьовому полі культури консюмеризму, миттєвого задоволення потреб і віртуального спілкування. За допомогою сімейних традицій та сучасних шкіл потрібно створювати інше оточення для навчання дітей.

Візьмете мене в свою команду? Сподіваюсь, завдяки соціальному проєкту «Сімейний Бюджет» і книжці «Любов та бюджет»[2] ви вже маєте до мене певну довіру.

Книжка «Малюк та Бюджет» увібрала головне з прочитаних сімох книжок західних авторів, а також із десятків статей. Це адаптація ігрових вправ та історій для українських батьків. Адже у нас фея не кладе гроші під подушку за молочні зуби. Студенти не беруть кредит у банку на вищу освіту. Підлітки рідко коли купують своє перше авто у шістнадцять літ.

«Малюк та Бюджет»—це огляд мультиків, фільмів, семінарів, курсів, книжок, вебінарів на тему дитячих фінансів і підприємництва. Зрештою, це інтерв'ю з українськими батьками різного достатку. Їх об'єднали позитивний досвід у навчанні власних дітей і готовність його оприлюднити.

Книжка якісно вплине на ваші розмови з дітьми про гроші. Якщо ви діятимете мудро, то ваша дитина свідомо й уміло управлятиме своїм бюджетом протягом усього життя.

2 Остапів Л. Любов та бюджет. Домашні фінанси для сімейних пар на шляху до фінансової свободи / Любомир Остапів.—К. : Yakaboo Publishing, 2017.—216 с.

Вірю, що «Малюк та Бюджет» допоможе вам виховати фінансово успішну дитину.

P. S. Тут і надалі я вживатиму «ми» стосовно батьків, а «вони» — стосовно дітей. Частіше вживатиму множину («діти», «вони»), однак якщо у вас одна дитина, абсолютна більшість матеріалів вам теж згодиться.

Я вживатиму іноді чоловічий рід, іноді жіночий рід у загальних прикладах, намагаючись зберегти гендерну рівність. У тих випадках, де стать має значення, я обов'язково вкажу, що стосується хлопчиків, а що — дівчаток.

Усі історії, інтерв'ю та персонажі справжні. Усе відбувалося саме так. Деякі імена змінено, оскільки персонажі побажали зберегти конфіденційність.

РОЗДІЛ 1

ЯБЛУКО ВІД ЯБЛУНІ НЕДАЛЕКО ПАДАЄ

Ми з дружиною Віолеттою та сином Ярославом вечеряємо на кухні. Ярослав уже поїв і виліз з дитячого стільчика. Утім він завжди радий спробувати щось новеньке. Малюк підходить з боку столу і, тримаючись руками за стіл, стає навшпиньки. Його очі ледь-ледь вище рівня столу.

Віола дає йому шматочок авокадо зі свого салату, який він із задоволенням з'їдає. Згодом Ярославу перепадають маленькі шматочки огірка й сьомги. Він бачить, з яким задоволенням я їм на десерт велике червоне яблуко, і відкушує в мене кілька шматочків «ябі-ябі».

Чи могли б ми сподіватися, що наш син здорово харчуватиметься, якби самі хрумали бургери з картоплею фрі? Чи буде дитина активно займатися спортом, якщо батьки відпочивають на дивані з серіалами? Отож-бо й воно.

Діти не стануть фінансово відповідальними та самостійними, якщо батьки бездумно тратять і живуть у кредит. Якщо дорослі навіть не знають свого місячного бюджету витрат, то як їхні діти зможуть планувати великі покупки та усвідомлено заощаджувати?

Ця книжка – поштовх читачам замислитися над власним фінансовим життям. І, можливо, змінитися на краще. Я заснував 2014 року соціальний проєкт «Сімейний Бюджет», який допомагає українцям приймати вдалі фінансові рішення. Одним із напрямків його діяльності є розвиток культури «заощадження + інвестиції» замість «бездумні трати + кредити». До слова, корисні знання на «Сімейному Бюджеті» доступні безкоштовно.

Хочемо того чи ні, але ми, як батьки, є прикладом поведінки для маленьких дітей. Хочете навчити дитину чистити зуби двічі на день? Беріть її з собою у ванну і чистіть разом. Може, вам навіть доведеться опановувати прості речі, адже чистити зуби потрібно вимітальними рухами від ясен до краю зуба. А ось безперервний хід зубною щіткою з боку на бік не рекомендується, оскільки так ви можете пошкодити ясна.

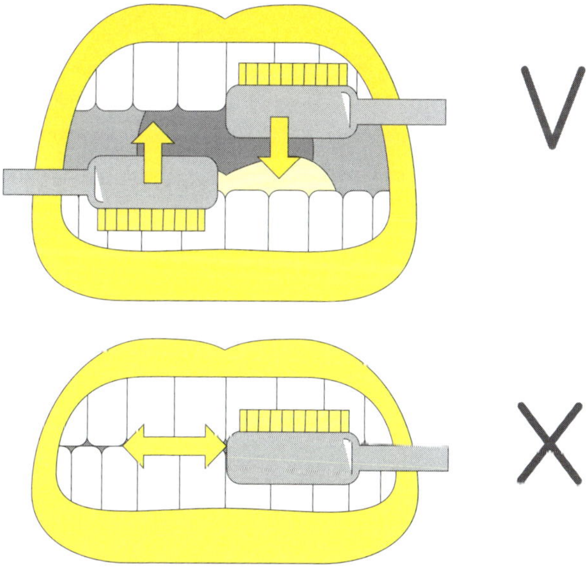

І уклінно попрошу вас не картати себе, якщо не скористаєтеся 100% рекомендацій. Ви не станете від цього поганими батьками. Ба більше, якщо виконаєте хоча б половину рекомендованого, можливо, і того вистачить!

ІСТОРІЇ, ЩО НАДИХАЮТЬ

Нема такого прокляття: «Ми бідні, тому й наші діти житимуть бідно». У західному світі багато прикладів, коли діти бідних іммігрантів ставали мільйонерами. І в тисячі разів більше позитивних історій, про які рідко пише преса, коли діти з бідних сімей будують нормальне життя середнього класу. Ось початок життєвих історій двох стипендіатів програми Ukraine Global Scholars[3].

Мене звати Олег, я народився в маленькому селі Макове на Кіровоградщині. З дитинства захоплювався математикою, комп'ютерними науками, музикою та спортом. У сьомому класі вступив до Київського військового ліцею імені Івана Богуна, де навчався чотири роки. У ліцеї я був сержантом, пройшов шлях до головного сержанта ліцею.

З допомогою Ukraine Global Scholars вступив до приватної американської школи Choate Rosemary Hall, де навчаюсь два роки на повному гранті у 120 000 доларів. У Choate про-

3 Неприбуткова організація, зареєстрована в Україні та США, створена з метою допомогти найбільш талановитим, розумним та амбітним українським школярам отримати освіту в найкращих школах-пансіонах та коледжах світу, що зазвичай розташовані в США.

довжую займатись математикою та комп'ютерними науками, також зі своєю командою працюю над власними стартапами — MakeLabs та URGE, допомагаючи незрячим дітям і розвиваючи робототехніку в Україні.

З наступного року навчатимуся в Haverford College, приватному коледжі у Філадельфії, штат Пенсильванія, де я теж отримав повний грант у 312 000 доларів на чотири роки.

Мене звати Женя Дуброва. У 2014 році, як і сотні інших переселенців із Донбасу, покинула окуповане місто Макіївка. Переїхала до маленького села у Полтавській області. У сільській школі самостійно займалася наукою та брала участь в олімпіадах.

Отримала можливість представляти Україну на міжнародному конкурсі наукових робіт у Мексиці, де посіла друге місце. У 2016 подала заявку на участь у програмі Ukraine Global Scholars. Ставши фіналісткою програми, вступила до приватної школи St. Mark's School у штаті Массачусетс та отримала 124 000 доларів на два роки навчання.

У вересні 2020 розпочну перший курс у Dartmouth University, що входить до престижної Ліги Плюща. Завдяки своїм зусиллям отримала грантів на 312 000 доларів; родина не заплатила жодної копійки за навчання в США.

ЕТАПИ ФІНАНСОВОГО ЖИТТЯ ЛЮДИНИ

На думку Джолін Годфрі, авторки книжки «Як виростити фінансово здорових дітей»[4], людина у своєму фінансовому житті пройде кілька етапів.

Учнівство (5–18 років). Ознайомлення з грошима та фінансовими термінами, закладання фінансових цінностей, отримання навиків управління грошима. Спроби заробляти гроші на практиці, заощаджувати, витрачати та віддавати на благодійність. Кишенькові гроші від батьків, перша робота, перший внесок на благо громади.

Старт (19–30 років). Самоідентифікація, власні експерименти, відкриття світу і формування цінностей. Вища професійна освіта, розвиток кар'єри та навичок заробляти гроші, перші заощадження, хороша кредитна історія.

4 Raising financially fit kids. Revised and updated 2013

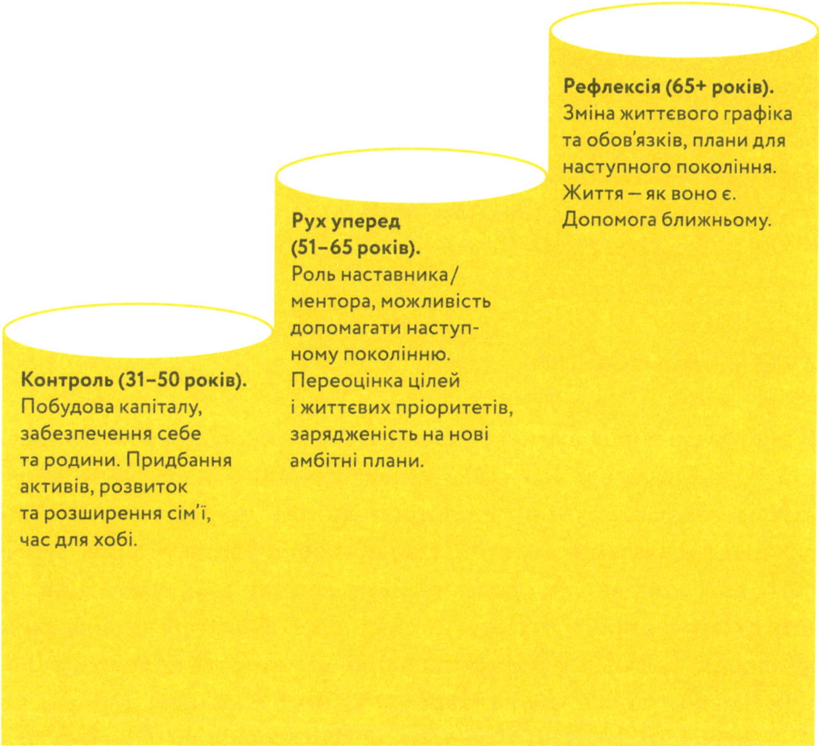

Багато читачів цієї книжки виросли в декаду занепаду Радянського Союзу (1980–1990) і в голодні українські 1990-ті роки. Фінансові уроки на етапі «Учнівство» зводилися до виживання. Іноді до карколомних історій успіху дикого капіталізму. У школах домінували лекції з односторонньою передачею даних «вчитель – учні», а навчанням управлінню сімейним бюджетом навіть і не пахло. Компетенція школярів «Фінансова грамотність» з'явилась у реформі Нової української школи аж 2018 року. Це дивно, що зараз батьки навіть якщо і хочуть навчити фінансовій грамотності, то не знають як.

Намагання дати дітям максимум матеріальних речей, яких не мали ви, шкодить їхньому майбутньому фінансовому життю. Цитую героя епохи мого учнівства Брюса Лі: «Не купуйте дітям все те, чого ви не мали, краще навчайте їх тому, чого ви не знали. Речі зношуються, знання залишаються».

ВАША САМООСВІТА

Я виступаю перед аудиторією вчителів та освітян на національній події EdCamp у Харкові. У кінці годинного виступу ми порушуємо тему інвестицій. Моя пропозиція — не розповідати про абстрактні акції чи облігації, а на прикладі компанії Apple показати, як виглядає фінансова звітність компанії. Як росте ціна акцій, скільки щороку платять дивідендів. В аудиторії з'являються здивовані очі, ніби я розповідаю про можливість полетіти з Ілоном Маском у подорож на Марс задля його колонізації.

Звісно, ми не в США, де понад 50% дорослого населення має у власності акції. Але все одно краще брати конкретні приклади замість абстрактних термінів. А також розуміти загальну картинку, для чого це потрібно.

Технологічний прогрес і зміни соціуму ускладнюють завдання батьків, адже потрібно оновлювати власні знання. Ізраїльський історик Ювал Ной Харарі пише у своїй новій книжці[5]:

> *Слухати дорослих — погана порада. Раніше слухати старших і покладатися на їхній досвід було порівняно безпечно. Світ*

5 https://meduza.io/slides/mir-menyaetsya-i-vospityvat-detey-tepernuzhno-inache

був передбачуваний: у Китаї зразка 1019 року не знали, яка династія правитиме за 30 років, але в тому, що дівчаткам важливо стати слухняними дружинами, а хлопчикам з аристократичних сімей — воїнами і каліграфами, сумнівів не було. Тепер це не так.

Світ змінюється дуже швидко, і знання старших втрачають свою актуальність ще до того, як почне підростати наступне покоління. Дорослі не хочуть чинити зла дітям, але у XXI столітті вони, з більшою ймовірністю, передають застарілі знання і досвід.

Подивіться, наскільки швидко малюки освоюють планшет. Ви не вмієте пересилати кошти через Telegram-ботів, але це кілька секунд для сучасних підлітків. В Україні вже діє Bank ID та дозвіл НБУ на віддалену ідентифікацію клієнтів, тож, імовірно, нашим дітям потрібно буде фізично сходити в банк один раз протягом життя!

Тепер на противагу всім викликам батьківської самоосвіти озвучу прекрасні новини. Секрет персональних фінансів у простоті правил. Як каже американський гуру персональних фінансів Дейв Ремсі[6]: «Персональні фінанси – це 20% знання і 80% поведінка!».

Вам не потрібно бути фінансовим гуру, щоб виховати фінансово самостійну дитину. Незалежно від наявності у вас економічної освіти та рівня доходів вашої родини – ви показуєте приклад!

Діти скопіюють фінансові звички вашої поведінки і закладуть у свої принципи. Ці принципи залишатимуться з ними про-

6 Smart money Smart kids by Dave Ramsey and Rachel Cruze

тягом усього життя, формуючи ваших дітей раціональними, коли доводиться вирішувати фінансові питання.

ЧИ ДОСІ АКТУАЛЬНИЙ ДИПЛОМ?

На MamaPapa Forum 2020 у Києві одна з учасниць поставила цікаве запитання: «Мій 15-річний підліток запитує мене, навіщо я отримувала дві вищі освіти, якщо ютуб-блогери заробляють у кілька разів більше?». Повну відповідь ви знайдете в Телеграм-каналі @iplankids, а тут я коротко підсумую відповіді відомих дитячих психологів.

Людмила Петрановська: «Ми хочемо, щоб наша дитина вважала головним те ж, що і ми. Але це не завжди збігається. Ви можете відповісти тільки, як ваша робота співвідноситься із вашими цінностями, що на ній важлива ваша самореалізація. А якби метою був максимальний заробіток, то ви би обрали іншу роботу. І ваша дитина може сказати: " У мене буде інакше. Хочу, щоб робота добре оплачувалася"».

Оскар Бреніф'є: «Нічого нового в цьому запитанні немає. Коли я ріс, Ютубу ще не було, а ми всі хотіли стати зірками рок-н-ролу. Я, навпаки, підозріло ставлюся, коли прагнення дитини повністю збігаються з баченням батьків на її життя. Розслабтесь. Не можна вирощувати рослину, забравши її з ґрунту. Іноді ваші діти чинитимуть по-своєму».

Ольга Школенко: «Ви ставите запитання в контексті того, що для вас вища освіта є важливою. Але досвід дитини говорить про інше. Прогрес нового покоління полягає в можливості не погодитись з тим, що було запропоновано їм у дитинстві».

ФІНАНСОВА БІБЛІЯ ДЛЯ ДОРОСЛИХ

Погляньмо на прийнятні принципи поведінки дорослих на прикладі мегапопулярної книжки всіх часів і народів Джорджа Клейсона «Найбагатший чоловік у Вавилоні»[7] (1926 рік). Це перша з двох книжок, які я рекомендую читати абсолютно всім дорослим, незалежно від віку, статі, місця проживання та величини капіталу. Друга, до речі, не «Любов та Бюджет» ;)

Чому людина живе в бідності? У книжці названо дві ключові причини:

- не знає законів багатства;
- не дотримується їх сумлінно і дисципліновано.

Усього законів багатства сім. Ось моя авторська інтерпретація для сучасних українців.

Спочатку заплати собі[8]. Звичайна людина, отримавши дохід, спрямує кошти на оренду, комуналку, їжу, ліки... А для будь-якого, навіть мінімального, рівня доходу найкраще спершу заощадити. Мінімум 10%. У наш час такі дії можна автоматизувати, налаштувавши в онлайн-банкінгу переказ з кожного надходження на депозит. Систематичні заощадження — ключ до фінансового успіху!

Вести бюджет, контролювати витрати. Є маса мобільних додатків на будь-який смак (CoinKeeper, Zenmoney, Spendee, Toshl Finance, Money Pro, Lean трекер...). Базові версії зазвичай безкоштовні, а от за синхронізацію з банком потрібно доплатити.

7 Клейсон Дж. С. Найбагатший чоловік у Вавилоні/ Джордж Семюель Клейсон; пер. з англ. Андрій Лапін.–К. : Наш Формат, 2017.–136 с.

8 Pay yourself first

Багатьом людям дуже допомагає ще й планування бюджету на місяць. Нам з дружиною більше подобається складати бюджет на рік. На ютуб-каналі «Сімейний Бюджет» є коротке відео про це і табличка, яку ми заповнюємо.

Будь-яка форма ведення бюджету краща, ніж нічого не робити і не знати, скільки родина витрачає на місяць. Творчим людям, які не здатні вести записи систематично, я все одно рекомендую писати витрати хоча б три місяці. І на основі підсумкових даних дійти висновків про необхідність змін у фінансовому житті.

На практиці українських родин часто бачу, що категорію «Подорожі» виносять окремою цифрою у річному бюджеті. Також пам'ятайте, будь ласка, що шопінг у торговельному центрі, це не розвага, а купівля необхідних речей ;)

Навчитись більше заробляти. Саме з цього я починаю виступи перед студентами та старшокласниками по всій Україні. Коли професійний фінансовий планер рахує фінансовий баланс клієнта, він обов'язково закладає майбутні заробітки як актив. Зміна темпів росту доходів у молодому віці дуже позитивно вплине на все фінансове життя. Я вважаю, що для молоді цей принцип найважливіший.

Гроші мають працювати на ваші цілі. Безглуздо довго тримати долари під матрацом, де їх щороку жере доларова інфляція (2,3% у 2019 році). За десять років матрац втратить 26%, якщо інфляція буде така сама. Не потрібно мати економічну освіту, щоб покласти гроші в надійний банк на депозит.

На сьогодні наступний етап еволюції українського інвестора після депозитів – державні облігації України (ОВДП[9]). При

9 ОВДП – Облігації внутрішньої державної позики

схожих із банком ризиках вони офіційно звільнені від 18% податку на доходи фізичних осіб. Раціонально починати з ОВДП, якщо у вас є мінімум 100 000 гривень понад сформовану подушку безпеки.

Поки що у нашій державі ОВДП – короткостроковий інструмент, який купують на 1–2 роки. Вам доведеться тримати руку на економічному пульсі країни.

Від суми 10 000 доларів з'являється значно ширший вибір.

Захистити капітал від втрат. У нас з партнерами є компанія фінансових планерів iPlan.ua. Найчастіше клієнти приходять до нас із запитом «куди інвестувати». Мало хто розуміє, що одна з найбільших переваг роботи із фінансовим радником – це застосторога «куди НЕ інвестувати»!

Добре відомий принцип диверсифікації – не варто складати всі яйця в один кошик. Джон Богл, батько пасивного індексного інвестування на фінансових ринках, сказав: «Вам не варто шукати голку в копиці сіна, краще придбати всю копицю». У випадку ризикових і потенційно найбільш дохідних інвестицій в окремий бізнес бажано вкладати у галузь, де ви є експертом або де маєте довіреного професіонала.

Забезпечити дохід на роки, коли не зможеш (не захочеш) працювати. У цей пункт входять страхування життя та здоров'я і пенсійний план. Сім'я може сформувати свою пенсію так: хочемо 2000 доларів пасивного доходу щомісяця з 22.08.2039 року. Поведінкові економісти радять формулювати цю ціль якомога конкретніше.

Поділюся з практики, що пенсійні плани українців, як правило, на 15–30 років. І, на жаль, у нашій країні я поки не знаю інституцій, які дозволили б на такий довгий проміжок надійно інвестувати у доларах або в євро основну частину пенсійного капіталу.

Щоправда, у 2019 році на Українській біржі з'явились акції Apple, а недержавним пенсійним фондам (НПФ) дозволили інвестувати в іноземні активи. Тому хочеться вірити, що таки ми прийдемо до практики пенсійного накопичення, як це працює в США та ЄС.

Власне житло. Це, ймовірно, найбільш контроверсійний пункт для деяких читачів. У мене, наприклад, є клієнт в Дніпрі, який каже: «Я ще не знаю, де я хочу жити у майбутньому, навіщо мені власна нерухомість тут».

Однак з власного досвіду я усвідомив, що сімейне планування, і особливо діти, веде до рішення про придбання квартири/будинку. Не важливо: вигідніше орендувати чи купувати, бо настане момент у житті, коли власне комфортне житло стане фундаментом для сімейного будинку щастя.

Наостанок п'ять філософських правил накопичення капіталу із тієї ж книжки, де слово «золото» вживається у сенсі «гроші».

1 Золото приходить швидше до тих, хто відкладає не менше однієї десятої від своїх надходжень.
2 Золото працює сумлінно для того господаря, який знаходить йому належне застосування.
3 Золото міцно тримається того господаря, який його розумно інвестує, а не легко й бездумно тринькає.
4 Золото вислизає від господаря, який намагається скерувати його на справи, про які сам нічого не знає, або користається порадою некомпетентної людини.
5 Золото втікає від людей, які намагаються використати його задля легкої наживи чи надшвидких надприбутків.

РОЗДІЛ 2

ГРОШІ І ДІТИ. РОЗМОВИ ТА ЗАПИТАННЯ

Американський інститут сертифікованих бухгалтерів[10] провів опитування батьків підлітків у 2012 році і отримав такі результати:

- 13% батьків зовсім не розмовляють зі своїми дітьми про гроші;
- 95% батьків вважають за краще розмовляти з дітьми про хороші манери і етикет, ніж про гроші;
- 82% почнуть розмову про ризики куріння в першу чергу.

Тема грошей чомусь за інтимністю нарівні з темою сексу. Після появи малюка хтось притримується версії по лелеку, який приносить дітей на світ. Однак лелека точно не приносить гроші! Потрібно попросити Святого Миколая з Дідом Морозом і Санта Клаусом, щоб і вони не носили.

Психологи не рекомендують створювати «магію» в темі персональних фінансів. Адже дітям в дорослому житті потрібні раціональні рішення щодо цієї теми.

10 https://www.journalofaccountancy.com/news/2012/aug/20126206-financial-planning.html

Отже, банкомат – це не чарівна фабрика створення грошей. Досить швидко настає момент, коли варто пояснити принцип його роботи. Трохи пізніше у дитини з'явиться картка, з якої вона самостійно зніме гроші в банкоматі. Конструкції на кшталт «виростеш – дізнаєшся» не рекомендую, про це піде мова далі.

Гроші – всього лиш інструмент. У дитинстві цей інструмент може підсилювати ті цінності, які ми, батьки, хочемо бачити в наших дітях: допитливість, терплячість, скромність, щедрість, проактивність, винахідливість, наполегливість, довіра, оптимізм, уважність.

У нас, фінансових планерів, побутує приказка: «Покажи мені свій календар і свій бюджет. Після того я зрозумію твої істинні пріоритети».

«Увімкнувши» тему грошей, ми можемо з неї переходити на багато інших життєво необхідних навичок. Наприклад, розвиток відповідального ставлення до природи (екологія) чи принципи спільного користування (економіка спільної участі).

У дорослому житті фінансова обізнаність захистить від багатьох проблем, особливо з кредитами та емоційними витратами. У фінансово незалежної людини значно більше вибору та можливостей і часто більше цінного ресурсу – часу!

Ви читаєте ці рядки – тож готові почати розмову про гроші :)

10+1 ПРАВИЛО РОЗМОВИ ПРО ГРОШІ

Не ховайтеся від запитань дітей про гроші, а радійте їм. Це найсприятливіший навчальний момент. Навіть якщо запитання: «Чому ми не можемо собі цього дозволити?».

Рон Лібер у своїй книзі «Як поговорити з дітьми про гроші»[11] ділиться лайфхаком, як бути, коли запитання застукало вас зненацька. Швидко запитайте у відповідь: «А чому це тебе цікавить?». Ваша головна мета – виграти хвилину, щоб підготувати якіснішу відповідь.

Додатковим бонусом є розуміння контексту виникнення запитання. Адже часто дитина просто прийшла за емоційною підтримкою, а не за цифрами чи бюджетами. А іноді їй просто вклали у вуха нісенітницю, яку вам легше спростувати, знаючи джерело викривленої інформації.

Почніть змалечку, у віці 4–6 років. У наступному розділі книжки «Малюк та Бюджет» ви знайдете рекомендовані книжечки та ігри для дошкільного віку. Мені особливо сподобався приклад Яни Вуєвої, яка купила чотирирічному синові Марку гаманець, щоб він вчився поводитися з грошима.

Розповідайте історії. Бавтеся замість лекцій та теорії. Формально-наказові повчання батьків «дій так», «йди туди», «це потрібно» пролітають повз вуха малюків. У наступних розділах розповім вам про українські фінансові економічні ігри «Лісові Комерсанти» (6–12 років) і «Життєвий Капітал» (для підлітків і дорослих), які прийшли на заміну іграм «Монополія» та «Кеш Флоу».

Щодо історій, то найкращий досвід – ваш і вашої родини. Далі йдуть реальні люди з вашого кола, друзі та сусіди. І пам'ятайте: у вас завжди є змістовні мультики, фільми, книжки Сергія Біденка і дівчинка Кіра із псом на ім'я Мані.

11 Лібер Р. Як поговорити з дітьми про гроші / Рон Лібер; пер. з англ. А. Ящук, К. Мужановський.–К. : Наш Формат, 2019.–192 с.

Навчальний процес відповідно до віку дитини і її розвитку. У цій книжці я поділив діток на чотири групи: дошкільнята (4–6 років), школярі (7–12 років), підлітки (13–18 років) та молоді дорослі (19–25 років).

Як у немовлят є норми маси та зросту, так у процесі фінансової просвіти є очікування, що дитина має вміти і може зрозуміти у темі «Гроші». Як і в немовлят, норми коливаються. Нормально буде плюс — мінус 1–2 роки в окремих випадках. Дивіться не тільки на параметр віку, а й на загальний розвиток вашої дитини, адже кожна маленька особистість індивідуальна.

Уникайте фінансових суперечок при дитині! Для малюка у батьків завжди ЄДИНА позиція щодо бюджету, доходів, витрат та «хочу/можна». Знайдіть спосіб «прибирати фінансове сміття в домі» і не допускайте до нього дітей. Це важко в родині, але все в ваших руках.

Ще важче, якщо батьки розлучені. Є такі результати дослідження: якщо дітей втягують у нюанси, хто кому що винен, дитина починає прив'язувати гроші до батьківської любові. І маніпулювати. Тому, хоч як це й тяжко вам, мамо й тату, навчіться демонструвати одні й ті самі фінансові принципи у стосунках з дітьми.

Якщо дитина запитує саме вас, то «запитай тата» чи «запитай маму» НЕ варіант. Перечитайте перший абзац цього розділу ще раз і скористайтеся своїм шансом.

Уважно добирайте членів вашої команди фінансової грамотності. Уявімо, що ви почали розмови з дитиною про заробіток грошей і формуєте установки. Замість «гроші ростуть на деревах», «тато – банкомат», «мама – гаманець», ваша версія – «як дбаєш так і маєш», «маленька праця ліпша за великі лінощі», «під лежачий камінь вода не тече», «щоб гроші рахувати, треба розум мати».

І в цей же час дідусь чи бабуся, свідомо чи ні, транслюють інші переконання: «робота не вовк, в ліс не втече», «від роботи коні дохнуть». І розповідають російську казку Про Ємелю-дурака, який лежав на печі, а потім виграв у лотерею щуку.

Звісно, ви не можете зовсім припинити спілкування з людьми інших поглядів. І погляньмо правді у вічі – ви не можете змінити представників старшого покоління. Однак вкрай важливо провести виховну бесіду з проханням транслювати ваші фінансові цінності. Або ж попросити їх оминати цю тему у розмовах із дитиною. Також можна дати їм прочитати «Малюк та Бюджет».

Бюджет – навчальний інструмент управління грошима. Це НЕ інструмент стимулювати чемну поведінку чи карати за непослух! Діти помилятимуться у фінансових питаннях. Це частина навчання. У дорослому житті фінансові помилки коштують в рази дорожче. Але, прошу вас, НЕ змішуйте теми бюджету, оцінок у школі і поведінки вдома.

Витрачайте однакову кількість часу на розмови що з хлопчиками, що з дівчатками. Наприклад, кілька досліджень у США[12] показали, що на тему інвестування з хлопцями говорять частіше, ніж з дівчатками. Дослідження засвідчують: у дорослому житті чоловіки впевненіше вкладають гроші і виявляють більше зацікавлення загалом до теми інвестування.

12 https://www.fastcompany.com/90283344/how-parents-talk-aboutmoney-differently-to-their-sons-and-daughters

Виберіть вдалий момент для ілюстрації загального правила. Припустимо, що батьки домовилися зі школяркою про заощадження 20% від її доходів для купівлі конструктора Lego, про який вона мріє. І ось дівчинці на день ангела бабуся дарує 500 гривень.

Варіантів розвитку подій два: відкласти 100 гривень (20% від 500) на купівлю або докласти всю суму, якщо раптом не вистачає саме стільки. Не варіант потратити всі 500 гривень на щось інше, бо це незапланований дохід. Інакше ви створите ризик необдуманих емоційних трат для бонусів дорослого життя.

Не обманюйте! Це погані цінності. І якщо брехню викриють, ви надовго зруйнуєте величезну довіру до ваших слів. Згаданий вище Дейв Ремсі вважає: «"НІ"—це завершене речення. І у вас, як у батьків, є право його сказати, якщо ви цього хочете. Якщо є сили та натхнення, краще, звісно, пояснити дитині: "Ні, тому що..."».

Не соромтеся фрази «ми не можемо собі цього дозволити», якщо дитина вже достатньо доросла, щоб розуміти раціональні аргументи. Не забудьте у складній ситуації, окрім пояснень, надати емоційну підтримку та запевнити, що все буде добре. І не обманюйте!

ІНОДІ КРАЩЕ МОВЧАТИ

Є запитання, конкретна відповідь на які завдасть більше шкоди, аніж принесе позитивного навчального ефекту.

Хто і скільки заробляє в сім'ї. Дітям ця інформація мало чим допоможе, але через однолітків чи соціальні мережі цифри може дізнатися весь мікрорайон. До чого варто вдатися, то це показати середній рівень доходу у вашому місті і дати розуміння, де ваша родина щодо нього.

У США трохи простіше, у них є податкові діапазони з доходу[13]. Люди відкритіше діляться, у якому вони діапазоні. В Україні ви можете використати дослідження про доходи домогосподарств (вистачає тільки на найнеобхідніше, вистачає на найнеобхідніше + відпочинок, вдається відкладати на великі покупки, вистачає на комфортне життя...). Покажіть, в якій категорії ваша родина.

У пострадянській ментальності всі однаково бідні, а багатство непристойне. Якщо у вас заможна сім'я, не соромтесь цього. Краще орієнтуватися на західний світ, демонструючи дітям, що завдяки грошам можливостей більше.

Розмір оплати няні чи репетитору. У дітей часто є емоційний зв'язок із хорошими вчителями. Не варто кидати тінь на стосунки погодинною/місячною ставкою, яку бере вихователь. Цілком нормально дати зрозуміти, що няня/вчитель – теж професія, і як будь-яка інша чесна праця, вона має бути оплачена.

Ціна подарунків на день народження. Подарунки – вияв вашої любові, тож навіщо вам і дитині ментальна математика цих трат? Дитині важливі емоції, а не вартість подарунків.

Розмір капіталу і куди які суми проінвестовано. Тема інвестування почнеться у підлітковому віці. Однак навіть тоді у дітей

13 Tax brackets. Розмір податку у % від доходу залежить від розміру доходу.

не буде вміння практично працювати з диверсифікованими інвестиціями. Принципи інвестування і способи їх застосування до власного капіталу важливіші за суми.

Ваші боргові взаєморозрахунки з друзями та родичами. Борг — це окрема тема, тому варто в її розборі уникнути емоцій у стосунках із близькими людьми.

ДІАГНОСТИКА ДУМОК ДИТИНИ ПРО ГРОШІ

Тренер фінансового успіху Олександра Грудзевич зі Львова пише:

> *Фінанси — це наші звички та поведінка. Діти «зчитують» ці звички і поведінку фактично відразу. Звісно, в три роки вони не складуть якихось висновків. Утім, власне, з шести років у дитини створене своє бачення на питання:*
>
> - *що таке гроші?*
> - *для чого вони потрібні?*
> - *як тато і мама з ними поводяться?*
> - *гроші — це добре чи погано: чи батьки говорять про гроші загалом, чи тільки сваряться на цю тему.*

Як діагностувати, що саме вже думають ваші діти про гроші:

- *Починаючи з семи років, започаткуйте гру зі своїми дітьми. Беріть у них інтерв'ю на тему «Що таке гроші і навіщо вони потрібні». Підстава: у вас на роботі такий конкурс або для ютуб-каналу ви знімаєте фільм для сімейних переглядів. Звісно, підстава має бути правдивою. Бо дитина захоче потім подивитися. Це вам допоможе почути, яка саме у вашої дитина думка про гроші.*

- *Грайте з дітьми в економічні ігри — так ви побачите, як ваші діти приймають рішення, і буде можливість обговорювати ці дії. З 10–12 років давайте можливість грати з професійними тренерами і домовляйтеся з тренером про зворотний зв'язок.*
- *Обговорюйте життєві ситуації або ваші, або ваших знайомих у присутності дітей (з 10 років) і питайте, а що вони думають про це. Питайте, як би вони вчинили в тій чи іншій ситуації. Показуйте, які могли бути ще варіанти. Розповідайте свої ситуації.*

ЩО ВИМОВИШ ЯЗИКОМ, ТО НЕ ВИТЯГНЕШ І ВОЛОМ

Олександра Грудзевич вважає: «Що ще формує думку про гроші, окрім дій? Те, як батьки говорять про гроші, про інших, про те, яким чином можна досягнути достатку».

Давайте розглянемо набір фраз-стереотипів:

«Забагато хочеш», «багато хочеш — мало отримаєш», «я теж хочу». Формує думку, що бажання і цілі взагалі не важливі. Тому і чогось прагнути не слід. Мало цілей і прагнень — власне наслідок того, що дитина боялась багато хотіти.

«Нема грошей». Картинка світу, в якій грошей постійно немає. У цій моделі дитина живе і потім її переносить на доросле життя. Це переконання притягує ситуації, де грошей дійсно немає.

«Гроші можна заробити тільки тяжкою працею». Накладає модель, за якою тільки саме ТЯЖКОЮ працею можна отримувати великі гроші. І тільки працею. Тобто інші способи, зокрема пасивний дохід, теж малоймовірні.

«Багаті – везунчики, а ми не такі». Формує блок до можливості навіть уявити, що ваша дитина зможе стати багатою. Негативні і осудливі фрази про багатих і багатство формують стійке переконання, що це погано. Отже, якщо це погано, то прагнути багатства погано, і йде блокування до отримання більших сум доходів тощо. Також формується логічний ланцюжок: якщо я стану багатою людиною – мене будуть засуджувати інші люди, і навіть батьки. І саме таке переконання може повністю загальмувати рух уперед.

Сварки на тему грошей формують переконання, що гроші – це зло, підстава поганих стосунків у сім'ї.

«Потрібно постійно економити». Дитина, маючи фокус уваги на економії, навіть коли буде мати гроші, з високою ймовірністю не буде шукати способи вкласти гроші та ін., а і далі буде думати, як економити. Інший можливий сценарій – почне необдумано витрачати кошти. Тобто повністю протилежне.

«То тільки скупі рахують кожну копійку». Формується думка, що фінансова дисципліна – це про скупість. Дуже важко потім привчити себе вести фінансовий звіт, управляти своїми коштами. Адже набагато приємніше думати про себе як про щедру людину.

ЯК ФОРМУВАТИ УСТАНОВКИ

Підтримувати бажання дитини словесно. І казати: раз ти цього хочеш, значить, рано чи пізно отримаєш. І при цьому ставити запитання: «Давай подумаємо, а яким чином ти це можеш це отримати?».

Усі бажання щодо іграшок/ігор тощо обговорювати як челенджі, на відміну від – «ти заслужи спершу подарунок». Ми ж, дорослі, любимо проходити різні челенджі й отримувати винагороди – залучайте до цього й дітей.

Наприклад, дитина хоче іграшку/гру. Пропонуємо: читай щодня протягом місяця/року півгодини. Мета – прочитати певну кількість книжок. І як додатковий суперприз буде ця іграшка/гра, якщо дитина виконає цей челендж.

Продіагностувати свій словниковий запас і подумати, які фрази можна взагалі скасувати, а які замінити. Особливо – осуд достатку і багатих людей. У прямому розумінні цього слова створити словник альтернатив.

Наприклад, встановіть гру: за деструктивні фрази відкладати 10 гривень своїх коштів у скарбничку. У грі беруть участь всі члени сім'ї.

Пропрацювати свої блоки та стереотипи самостійно/з коучем/психологом.

Виконання цих дій змінить не тільки достаток у вашій сім'ї, а й стосунки. А працюючи над своїм мисленням багатої людини і допомагаючи своїм дітям, ви автоматично покажете їм: усе можна змінити — головне захотіти. І ви будете знати, що доклали всіх зусиль, щоб ваша дитина в майбутньому жила в достатку і вміло управляла грошима.

РОЗДІЛ 3

ЯК ДБАЄШ, ТАК І МАЄШ

Батьки вимірюють щасливе дитинство матеріальним забезпеченням дитини та радісними емоціями від вражень. У дорослому житті задоволення приходить із докладеними зусиллями, значимою працею і досягнутими цілями.

Раніше діти працювали фізично в селах, росли в багатодітних сім'ях. Зараз переважно вони живуть у багатоквартирних будинках, а час витрачають на навчання, смартфони та хобі. Тож ми, дорослі, маємо навчити їх роботі!

Разом з винагородою вони зрозуміють, що таке відповідальність, якість виконаного, колектив, результат. З віком зможуть застосовувати зароблені гроші на реалізацію своїх індивідуальних бажань, посилюючи причиново-наслідковий зв'язок «хочу = потрібно попрацювати».

«А як ви заробили свої перші в житті гроші?» — запитав Андрій Ставніцер, батько чотирьох дітей, на своїй Facebook-сторінці 14 січня 2019 року.

Прийшло майже 1000 відповідей, багато відомих українців поділилися спогадами. За будь-якого історичного періоду, обставин, місця проживання, відповіді ілюструють: «хто шукає — той знаходить». Я відібрав найцікавіші відповіді, але щиро рекомендую прочитати всі коментарі.

- *Сам Андрій написав: «Прочитавши всі коментарі, хотів вигадати собі щось яскравіше. Наприклад, що це я писав жарти Жванецькому в молодості. Або організовував концерти Пугачової в Одесі… Насправді, я в 8–9 років прозаїчно мив машини на вулиці Рози Люксембург в Одесі. Це заняття приносило хороший прибуток, але швидко закінчилось через випадковий інцидент з відкритим у даху люком… Ще продавав смачні пироги з яблуками. Сам пік, возив в офіс до батька, у клуб альпіністів і в декілька кафе. І навіть трошки возив спирт у промислових масштабах — умудрився вмовити вісьмох бомжів і одного водія загрузити в машину і перевезти через усю Одесу 200-літрову бочку спирту всього за 2 рублі. Мій батько, який відправив мене за спиртом з надією надовго позбавитися моїх надокучливих запитань, як заробити перші гроші, був дуже вражений».*
- *Тарас Кириченко, голова правління «Правекс Банку»: «Продавав газети на площі, 15 років».*
- *Ольга Кудиненко, співзасновниця фонду «Таблеточки» : «Промоутером продукції P&G на вулиці на Лук'янівці, а потім мене підвищили до промоутера в торговому центрі «Караван»:)) в 15 років) мило Сейфгард, шампунь Пантін про ві і гель для душу Камей до сих пір, як рідні:) ».*
- *Павло Рябікін, генеральний директор аеропорту «Бориспіль»: «Дід Мороз у фірмі "Світанок". 1986 рік».*

- *Юлія Ковалів, голова офісу Національної інвестиційної ради: «Складала хліб на пекарні. Ну і колядувала змалечку».*
- *Дмитро Шимків, голова наглядової ради фармацевтичної компанії «Дарниця»: «Схоже, перші гроші були від бабусь за хороше навчання в класі першому, не беручи в розрахунок здачу пляшок і економію виданих грошей на обіди. У свідомому віці: поклейка пакетиків за гроші в школі (3 клас) і преферанс (7 клас). Реально преф першим виринув у пам'яті:)».*

Дмитро зауважив принципово важливий нюанс! Економія кишенькових грошей та подарунок від бабусі не ілюструють взаємозв'язок «робота – оплата». Важливі саме свідомі дії з метою отримання оплати. Проаналізувавши кілька сотень інших відповідей до посту Андрія, я дійшов висновку, що разові підробітки можливі і в середній школі. Та більш-менш повноцінна робота починається у підлітковому віці.

Яким же чином навчати дітей змалечку робочій етиці? Власне, перша рекомендована вправа стосується маленького віку, ще до того, як з малюком зайде мова про гроші.

Дитячі психологи рекомендують навчити діток прибирати свої іграшки у віці від 2 до 3 років. Радять показувати на власному прикладі, діяти разом, поступово і щодня за визначеним ритуалом! Зверніть увагу: НЕ рекомендують використовувати заохочення (цукерки) за такі дії.

ДОШКІЛЬНЯТА (4–6 РОКІВ)

Ваша професійна діяльність

Яна Вуєва у відео «Як навчити дитину розпоряджатися грошима» розповідає, що 4-річний Марк часто приходить до неї в офіс. І не просто грається там, а й долучається до корисних справ. Заварює чай чи коментує макети. Це чудовий приклад про важливість вашої роботи для фінансової освіти вашої ж дитини.

Покажіть дитині свій офіс/робоче місце/робочі результати. Розкажіть, що вам подобається в роботі і чому вона важлива. І головне – повторіть у різних формах, що робота дає змогу платити за світло в домі, їжу, іграшки та всі інші необхідні товари і послуги для родини.

Маленькі діти слабо розуміють, що таке професія. Тому добре, окрім дитячої книжечки з ілюстраціями водія та перукарки, показати їм кілька «живих» прикладів на робочому місці.

Якщо ви любите свою роботу – це просто прекрасно! Дитина це відчуває на рівні емоцій. У разі, коли таких емоцій немає, розкажіть, як добре мати роботу і забезпечувати сім'ю порівняно із безробіттям.

Коли мама чи тато у декреті, не зайвим буде обговорити, що таке «робота батьків». Окрім догляду за дитиною, це приготування їжі, прання, прибирання, закупки, планування сімейних розваг тощо. На цьому прикладі ви покажете, що робота не завжди оплачується у формі зарплати. Але важлива і необхідна.

Також можна розповісти, чому і як держава платила щомісячну допомогу на дитину до віку трьох років.

Домашні обов'язки

У світі точаться дебати, чи стимулювати дитину грошима за прості домашні справи. Дейв Ремсі, батько трьох дітей, оповідає, як вони спершу визначили 2–3 завдання для своїх діток, завели графік на холодильнику і давали 1 долар за виконану справу. Однак більшість експертів сходиться на думці, що платити дитині за виконання її домашніх справ НЕ варто. Діти є частиною сім'ї, що передбачає не тільки права, а й обов'язки.

Доктор Марті Россман з університету Міннесоти спостерігав за поведінкою дітей у віці від 3 до 20 років. У його дослідженні[14] зазначено, що результати успішності тих, хто виконували домашні обов'язки, вищі порівняно з результатами тих, хто цього уникав. У дітей, відповідальних за роботу, формується почуття власної впевненості, цінності та компетентності. Це згодом допомагає боротися з фрустрацією й «забезпечує» ліпші успіхи в навчанні.

Прибирання власної кімнати, допомога в митті посуду чи подачі їжі на стіл, упорядкування взуття й верхнього одягу. Ви зрозуміли ідею. А яка ж головна оплата за добре виконану роботу?

Похвала. Хочу навести вам уривок статті дитячого психолога Світлани Ройз:

> *Основний принцип – не просто говоримо слова «молодець», «розумник», а фокусуємо увагу на те, за що саме хвалимо. Саме це дає відчуття значущості, відчутності зробленого.*
>
> *Коли дитина відчуває підтримку, вона починає сама розповідати про те, що ще намалювала, що вдавалося, а що було складним, що тепер збирається робити. Коли ми просто*

14 https://ghk.h-cdn.co/assets/cm/15/12/55071e0298a05_-_Involvingchildren-in-household-tasks-U-of-M.pdf

хвалимо — залишається відчуття якоїсь незадоволеності, або дитина може несподівано почати чинити опір похвалі.

Дитина: «Я сьогодні отримав 12 балів з математики».

Похвала: «Ти у нас геній!»

Підтримка: «Молодець! Ти так багато займався! Тобі цікава математика? Ти розв'язав усі приклади? А що було найскладнішим?».

При цьому, якщо ми відзначаємо цінність, а потім додаємо «але», це знецінює все раніше сказане. Приклади, як можна замінити речення зі сполучником «але» у спілкуванні з дітьми: замість «Ти зібрав іграшки, але міг би і швидше», варіант підтримки «О! Іграшки були зібрані зі швидкістю супергероя/спортсмена! Ще на кілька хвилин швидше — і був би новий світовий рекорд».

За що ж можна заплатити перші гроші дитині?

Насамперед за завдання поза межами звичайних. Припустимо, були гості, і потрібно помити багато посуду. Прибрати під'їзд чи прибудинкову територію. Упорядкувати електронний архів сімейних фотографій. Навчити бабусю користуватися смартфоном.

Загальне правило для рішень «платити/не платити»—це усвідомлення, чи найняли б ви для цього іншу людину.

Якщо ви хочете підійти до цього системно, то складіть список домашніх справ, за які готові платити. І періодично проводьте з дитиною переговори щодо вартості робіт і часу виконання. Так буде розвиватися комунікаційний і переговорний навик.

Супергерой у вашому домі

У науковому журналі Child Development[15] 2017 року дослідники опублікували результати свого експерименту з 4- та 6-річними малюками. Дітям дали нудне завдання на 10 хвилин з можливістю мати перерву на відеоігри. Природно, що 6-річні демонстрували більшу концентрацію. Однак цікавішими є інші висновки.

Було три групи дітей. Перша просто виконувала завдання (запитання «Чи я добре працюю?»). У другій діти думали про себе в третій особі (запитання «Чи Анна добре працює?»). У третій асоціювали себе з супергероєм, ніби це йому випала складна нудна задача (запитання «Чи Бетмен добре працює?»). Незалежно від віку, третя група показала кращі результати.

Ймовірне пояснення — малюки використовують свою силу, приписуючи собі таланти улюбленого супергероя. Тож можна використовувати методику асоціації до складних чи повторюваних завдань удома. Головний навчальний ефект у розвитку наполегливості та концентрації на роботі.

ШКОЛЯРІ (7–12 РОКІВ)

Дітям такого віку ви, ймовірно, почнете давати кишенькові гроші. Однак якраз саме вони не демонструють взаємозв'язок «робота = оплата». Тому про кишенькові гроші в наступних розділах цієї книжки.

15 https://onlinelibrary.wiley.com/doi/full/10.1111/cdev.12695

Список обов'язків і можливостей невпинно розширюється

У сім'ї є два гігантські проєкти, які потребують постійного залучення членів сім'ї. Перший – приготування та споживання їжі, другий – порядок у домі. Я впевнений, що ви знайдете спосіб увести дітей у ці процеси безоплатно. Просто хочу нагадати, як це важливо, щоб у дитини були обов'язки по дому.

Оскільки розумові здібності малюка стрімко зростають, у нього стає більше можливостей заробити за виконання особливих завдань. Я вважаю, що в молодшому віці безпечніше заробляти у рідних. У віці 10–12 років можна розширити коло до друзів та сусідів.

В американській культурі є улюблений приклад – продаж домашнього лимонаду біля дому. В Ірпені я такого лимонаду ніколи не куштував. Дуже зрадію, коли це станеться, поки ж у такий спосіб пропонували домашню випічку :)

Із західної практики мені дуже сподобався приклад, коли малюк керує енергозбереженням у домівці. Ось варіанти дій[16]:

- стежить, щоб усі вимикали світло, коли йдуть з кімнати/квартири;
- наполягає, щоб ставили не повний електрочайник, а з потрібною кількістю води;
- переконується, що кондиціонер використовують лише за потреби;
- стежить за повним завантаженням пральної машини;
- наглядає, аби штори не закривали батареї;
- зауважує: коли члени родини чистять зуби, воду з крану відкривають за потреби;

16 Я описав деякі дії, які ми впровадили у себе вдома. Більше способів та порад є на сайті «Сімейний Бюджет».

- підсмажує тости в тостері, а не на грилі;
- стежить за використанням бойлера в еко-режимі.

Ви фіксуєте витрати сім'ї на тепло, газ, воду до початку співпраці з дитиною. Далі потрібен прозорий механізм винагороди, який врахує також підвищення тарифів. Тобто ви аналізуєте насамперед споживання у кількісних одиницях. Щоб спростити, можете домовитись: якщо споживання у поточному місяці порівняно із тим самим місяцем минулого року не зросло, то фіксована премія X гривень. А якщо навіть зменшилося, то X + X помножити на % зменшення.

З часом також ви з'ясовуєте з дитиною, скільки певний побутовий прилад споживає електроенергії та які є режими роботи. Звісно, залучаєте вашого новопризначеного керівника енергозбереження у процес купівлі великої побутової техніки. Просите поради з енергоефективності можливих опцій у рамках вашого бюджету.

Близько до попередніх тем: збір лікарських трав, сортування сміття, здача скла та макулатури. Багато грошей на цій справі не заробиш, утім одночасно виховуєте раціональне споживання та екосвідомість. Я от досі пам'ятаю, як у молодших класах ми з товаришем збирали і здавали лікарські рослини.

«Книжка юного підприємця» Сергія Біденка та Ірини Золотаревич[17] пропонує такі варіанти своєї справи підприємливим дітям 9–12 років: вирощування овочів та зелені, створення інтернет-магазину, створення електронних книжок, клінінгові послуги, футболки з авторськими малюнками, догляд за

17 Біденко С. Книжка юного підприємця: 9 детальних планів своєї справи для підлітків/ С. Біденко, І. Золотаревич.–Х. : Основа, 2017.–144

тваринами, доставка товарів і надання послуг, створення освітніх онлайн-курсів, догляд саду та газону.

Дуже простим варіантом для підробітку є кур'єрські послуги. У нас, наприклад, у сусідньому під'їзді живе школяр, який може занести/принести товар прийнятного об'єму/маси з Укрпошти/Нової Пошти за 30–50 гривень. А також купити/забрати ліки з аптеки.

Ось чудовий приклад реклами послуги з вигулу собак:

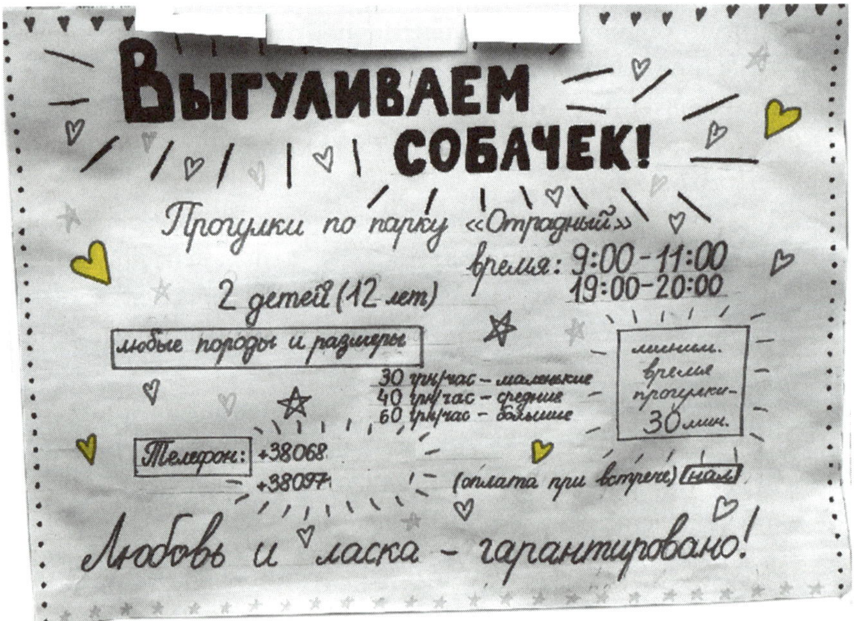

Чи варто платити за оцінки?

Триває зустріч із батьками, діти яких вчаться на річній програмі MBA Kids. Під час знайомства виявляється, що у більшості діти віком від восьми до тринадцяти років.

Порушуємо тему «оплати» оцінок. Є декілька сімей, у яких працює система оплат високих балів. Дехто вважає, що академічні оцінки – не показник успішності, і ми взагалі не про те говоримо. Одна родина запропонувала ще й авторську систему штрафів за низькі оцінки! Багато хто вважає, що за шкільні оцінки платити не варто. Ми півгодини дискутуємо, але так і не приходимо до єдиної думки.

Згодом намагався дослідити цю тему глибше, знайшов кілька публікацій з психології у США. Найбільш цитоване дослідження професора Гарварду[18], яке охопило понад 250 шкіл у 5 містах США. Дітям платили за прочитані книжки, за виконані домашні завдання, за вищі результати тестів та ін. Розмір винагороди в діапазоні від 2 доларів за книжку до 1500 доларів за успішний рік.

У висновках дослідники довели, що оплата читання книжок справді стимулювала читати більше. Був значний статистичний зв'язок між оплатами й успішністю в математиці. Водночас на виконання домашніх завдань, на відвідування уроків та на носіння шкільної форми винагороди вплинули мало.

Однак цей експеримент піддали критиці через методологію. Основна претензія – школи були розташовані у бідних районах міст.

Був сильний аргумент, що не потрібно плутати короткострокові стимульовані результати із довгостроковими. Оплата оцінок

18 Bradley M. Allan and Roland G. Fryer, Jr. The Power and Pitfalls of Education Incentives, 2011

може призвести до викривлення у дитини зацікавлення наукою і до хронічних проблем сприйняття світу на кшталт «я вчуся для батьків», «виконаю після того, як заплатять» та ін.

Також противники оплати стверджують, що діти вчаться, коли їм цікаво, а не задля «зарплатні». А отже, у дорослому житті любов до професії мотивує краще за фінанси.

Людмила Петрановська під час MamaPapa Forum 2020 на запитання про оплату оцінок запитала у відповідь: «Ви купуєте для себе ілюзію, що дитина добре вчиться?».

Ми з дружиною не плануємо платити дітям за високі оцінки у школі. Водночас я допускаю грошові призи за досягнення на конкурсах. Там, де є конкуренція, є і найвищі результати. Насамперед мова про олімпіади.

Економіка спільної участі

Ви користувалися послугами Uber, Airbnb, BlaBlaCar? Їх бізнес-моделі посилюють соціокультурний феномен відмови від власності на користь оренди.

Уявіть Netflix для оренди конструкторів Lego. Фантазія? Він є у Великобританії, називається Netbricks. Інший британський стартап Whirli висилає вам набір іграшок, який ви можете зберігати, скільки хочеться. Або поміняти його повністю чи частково на новий набір, коли дитині набридне з ним гратися.

Про компанію Eatwith ви, мабуть, не чули. Вона дає змогу забронювати «столик» і поїсти просто в господарів удома, отримавши не тільки страви, а й культурні враження. Особливо актуально для подорожей в інші міста та країни. У покоління ваших дітей таких компаній стане в рази більше. Тому вкрай важливо навчити дітей спільній власності і розповісти, як це працює.

Дуже крутим досвідом для дитини буде спробувати продавати речі на Кураж Базарі або його аналогові у вашому місті. Звісно, маленький продавець має там бути разом з вами. Це неоціненний досвід спілкування та клієнтського сервісу.

Ще є варіант: малюк — борець із мотлохом домівки. Дорослі визначають принципи, за якими уже не потрібні речі слід продавати чи віддавати на благодійність. Далі дитина може оприлюднювати оголошення на OLX, вести комунікацію, допомагати з надсиланням поштою. Також дитина сама може знаходити речі та ініціювати їхній продаж. Але для будь-якого продажу обов'язковою є згода одного з батьків.

Кіра та пес на ім'я Мані

Я перечитав більше сотні книжок з ведення особистого бюджету, з фінансів, з психології грошей, з інвестицій, з економіки тощо. Однак УСІМ дорослим я рекомендую дві книжки як обов'язкову програму. Інші — за наявності часу і зацікавлення.

Першу вже згадав, а друга — «Пес на ім'я Мані, або Абетка грошей» німецького автора Бодо Шефера[19]. Дванадцятирічна Кіра заробляла гроші вигулом собак, ставила за мету купівлю ноутбука і подорож у США, заощаджувала і грамотно інвестувала.

Незалежними фінансовими радниками були її мудрий пес Мані та його колишній хазяїн. Книжка напрочуд легко читається і в простій формі пояснює фінансові принципи.

Рекомендую читати дорослим разом з дітьми від десяти років. В Україні її якісно переклали у «Видавництві Старого Лева».

19 Є книжка продовження «Пса на ім'я Мані», називається «Кіра та таємниця Бублика». Вони більше про цінності, теж її люблю та рекомендую.

Робота передбачає результат

Протягом 2011–2017 років я працював фінансовим директором у маленькій IT-компанії Stanfy, яка використовувала прогресивні методи розробки програмного забезпечення. Багато з тих бізнес-інструментів корисні і в повсякденному житті. Я досі пам'ятаю, як наш CEO разом з командами розробки визначав, як виглядає «завдання виконано» (definition of done). Потім розіслав листа з принципами на всю компанію. Кожен мав зрозуміти різницю між процесом, «майже завершено» і повноцінним результатом.

Діти братимуться за різні активності, і не завжди у них вдаватиметься. Винагорода допомагатиме розвивати важливі риси характеру. Відповідальність, наполегливість, терпеливість. Пообіцяв – виконай. На тебе розраховують інші, твоя робота важлива, від неї залежить спільний результат.

Головне почати

Процитую все того ж Андрія Ставніцера, з якого почав цей розділ:

> *Головне — почати. Не варто шукати на першому ж місці праці своє покликання на все життя. Ніхто з тих підприємців, що мені відповіли, не займався тією справою замолоду, якою заробляє зараз. Я й справді почав працювати з 19 років у ТІС — у порту, який з нуля побудував мій батько — Олексій Ставніцер, і зараз вважаю, що це не було ідеальним рішенням. Я би хотів спершу спробувати себе у «чужому» бізнесі, та було як було. Зі старшим сином Давидом ми домовилися, що він спочатку пошукає себе у кількох справах, а потім, якщо захоче, то прийде в ТІС.*

Ще ми домовилися, що Давиду не слід непокоїтися про витрати на освіту та на медичні потреби, проте решта витрат обмежиться сумою в 1000 грн на тиждень. А якщо йому треба більше, він може десь заробити. Схожі історії я чув від багатьох своїх друзів.

Гроші — не єдина мета

Конфуцій сказав: «Виберіть роботу до душі — і вам не доведеться працювати жодного дня у своєму житті». Обговоріть з дитиною значення цитати. Адже після перших успіхів у заробітках багатьом захочеться більшого.

Поговоріть, чому і як люди обирають професії. Знайдіть будь-який інший контекст, цікавий малюку. Чому працівниця не змінила компанію, навіть коли пропонують більший заробіток? Чому популярний футболіст не перейшов в інший клуб задля грошей?

Якщо у вас є приклади з власного життя — це прекрасна ілюстрація до такої розмови. У житті нам часто доводиться визначатися з вибором. Гроші є важливим, проте не визначальним чинником кар'єрних та життєвих рішень.

ПІДЛІТКИ (13–18 РОКІВ)

Неординарною є сімейна історія від Слави Баранського, засновника LIVE.LOVE:

Все почалося ще з дитинства — тоді грошей не було ні в мене, ні у моїх батьків. У нас загалом не було поняття «кишенько-

вих грошей». Важко за це засуджувати моїх батьків, яким зарплатню затримували на 3–6 місяців, а потім, після такого очікування, видавали її половину брилою масла, яка й уміщалася сама у морозилці холодильника «Норд». Мене забезпечили комп'ютером, одягом, давали на проїзд, та жодних кишенькових грошей я не мав. Перші гроші я отримав від мами, коли старшокласником пішов на побачення з дівчиною. Та їх все одно бракувало :)

Коли в мене народилася дитина, я намагався її забезпечити всім, чого не мав сам. Та головне, чого я не хотів — отримати мажора, який вважає себе вищим за тих, чиї батьки й зараз не можуть нічого дозволити з того, що має він.

Років у п'ять єдиним джерелом грошей у Вані були дарунки на день народження, на Новий рік, на Святого Миколая та ще кілька свят. Бувало, що він отримував пару сотень доларів одним проходом по рідні і потім за кілька годин спускав їх на якісь дорогущі ігри на Play Station та iPhone. І я усвідомив, що витрачати він не вміє, не кажучи про заробітки.

Перші гроші він заробив за оцінки. Ми з дружиною придумали систему заохочень: 11–12 балів — 50 грн; 10–8 балів — 20 грн; 7–5 балів — нічого, а за низькі оцінки ми штрафували на 100 грн. Але він все одно лишався у плюсі. Паралельно з цим ми попросили рідню не дарувати йому більше 500 грн за один раз. Так Ваня вийшов на обіг в 1000 грн на місяць під час навчання, а з канікулами була проблема — за що давати гроші?

Рішення знайшлося швидко. Я ґаджетоман і просто люблю купувати камери, телефони, планшети і длубатися в них. Гадаю, що раніше я б стирчав у гаражі, а зараз стирчу у ґаджетах. І це не просто дорогі штуки, це й перехідники, і флешки, і чохли, і дроти та ін. Просто завал. Я постійно поривався все це продати, та ніяк не доходили руки. Мені легше було заробляти, ніж цим займатися. Отже, я запропонував Вані продавати на OLX все це добро. Умова була одна — 50% виторгу я забираю собі. Це круто, бо він би міг все збути недорого й швидко, аби лиш придбати якусь гру, але половина — то вже не так багато. Моєю метою було знайти таку мотивацію, задля якої він би докладав зусилля продавати за середньоринковою ціною і не поступався би тим людям, які «давлять» по ціні.

Як наслідок — у мого сина прокачаний аккаунт на OLX, з якого він все продає. Та в нього надто дитячий голос, і він змушений відмовитися від дзвінків. А значить, його система стійка до зміни продавця, до мови і загалом крута. Інколи він щось купує сам і перепродає дорожче.

Я би намагався на місці батьків кидати дітей до акул, і хай там борсаються — випливуть. І ще не раджу платити за домашні справи — за прибирання чи вигул тварини. Знаю, що багато за це платять, та це неправильно й нічому не навчає. А треба саме навчити. Все одно вони зараз багато не зароблять, а ось навчитися торгувати мусять!

Баланс навчання та роботи

Якщо в середній школі ви всіляко стимулювали підробітки, то ближче до ЗНО важливіше сфокусуватися на навчанні. Окрім навчання і роботи, у житті підлітків є друзі, батьки, спортивні секції, хобі та ін. Як варіант, варто звільнити дитину від частини домашніх обов'язків, щоб понизити рівень стресу. Хоча застеляти ліжко і допомогти мити посуд – це святе :)

Суперзірки YouTube чи кіберспорту, які вже заробляють більше за батьків – окрема тема. Таким талантам варто почати співпрацю з фінансовим радником, щоб розумно розпорядитися доходами.

Підприємництво не для всіх

Я шість років працював на різних посадах із топовими українськими стартапами і можу вас запевнити, що життя підприємця не таке райдужне, як виглядає онлайн. Є разючий контраст між привабливою картинкою підприємництва в Інтернеті і важкою щоденною ненормованою працею засновників. Не всі стартапи перетворилися на бізнес і вижили.

Тому заохочуйте спроби дитини вибудовувати власний бізнес, але й покажіть трудову сторону. Розкажіть про ризики власної справи. Обговорюючи шлях засновників стартапів, обговоріть з дитиною не тільки історію українських Looksery чи Petcube, а й історію Ecoisme. Не тільки історію успіху Цукерберга у Facebook, а й історію провалу Solyndra.

Розкажіть, що мільйонер – це не професія, прочитайте разом історію бізнесу Філа Найта (Nike) чи Джеффа Безоса (Amazon).

Наша родина проінвестувала 2018 року у відкриття міні-пекарні March&Co у Києві. Перші півтора року – це суцільна боротьба за виживання. Я сподіваюсь, Софія, засновниця пекарні, колись напише власну книжку про становлення бізнесу в Україні: ненормований робочий день, проблеми від орендодавця, факапи виробництва.

Вибір професії

Минулого десятиліття топ-вибором батьків були економічні та юридичні спеціальності. Зараз, на початку 2020-х років, вершину рейтингу очолили айтішники. Однак великою помилкою батьків буде «тягнути» дитину у сферу залежно від рівня прибутковості професії. Це недалекоглядно, бо ринок праці може і далі змінюватися. І найгірше, що таланти дитини можуть бути в іншому напрямку.

Я вперше виступив на Марафоні професій із розповіддю про фінансиста 2017 року. Заходи подібного формату дуже вам рекомендую, важливо почути про роботу з вуст практиків.

Коли я працював в IT-компаніях, то кілька разів організовував міні-екскурсію в офіс для дітей родичів та друзів. Краще один раз побачити, ніж сім разів почути. Школярі приходили, спілкувалися з програмістами, дизайнерами, проєктними менеджерами, тестувальниками, маркетологами, аналітиками. Можна влаштувати обід з відомим музикантом, якщо у дитини музичний талант.

МОЛОДІ ДОРОСЛІ (19–25 РОКІВ)

Програма Work and Travel

На формування моєї особистості мали величезний вплив півтора року, які я легально працював у США. Грошей у моїх батьків на першу програму не було, тому я написав лист в Чикаґо нашій далекій родичці по батьковій лінії. Вона мене ніколи в житті не бачила і ніколи до цього не чула про мене. Проте пані Марія погодилися допомогти і вислала 1000 доларів через Western Union. За перше своє літо в США я відклав ті кошти, навідав її, щоб подякувати, і віддав особисто. Потім ми п'ятнадцять років листувалися фізичною поштою аж до самої її смерті.

Зараз перелік країн та програм обміну значно більший, ніж був у мене 2003 року.

Я обома руками підтримую міжнародну подорож, якщо ваша дитина вчиться в Україні. Якщо дитина попросила гроші на програму – дайте в борг без відсотків. Навіть якщо програма обміну передбачає тільки навчання, нехай студент знайде спосіб заробити на неї на парт-тайм роботі в Україні.

Додам також, що у фінансовому плані програми з правом працювати можуть бути дуже вигідними. Та головне – самостійний досвід дорослого життя і розширення кругозору, знайомство із іншою культурою, з представниками інших рас, релігій та соціальних груп. І ще англійська мова. Вона надважлива для життя і роботи в глобальному світі.

Soft skills[20]

У прогресивному університеті зазвичай є центр кар'єри з факультативними курсами зі складання резюме, самопрезентації, комунікації і підготовки до співбесід.

Ви можете посилити навички своєї дитини, адаптувавши гру «Співбесіда» з книжки «Як розповісти дітям про гроші». У книзі гра поділяє групу дітей на інтерв'юерів та кандидатів на вакансію (секретар, учитель, няня). Обом групам даються завдання, а інтерв'юерам ще й критерії вибору кандидатів та методика проведення інтерв'ю.

Та чому вам не придбати 1–2 години справжнього рекрутера у сфері навчання вашої дитини? І організувати тестову співбесіду з професійним рекрутером на вакансію чи у компанію мрії. Зворотний зв'язок профі після співбесіди буде неоціненно корисним і допоможе уникнути «ґуль» у реальній ситуації.

Окрім того, можете рекомендувати хороший курс переговорів, комунікацій чи розвитку навичок презентації. Такі курси коштують помірні гроші. Навіть якщо якісний онлайн-курс від

20 М'які навички.

топового викладача чи вишу безкоштовний, компенсуйте студенту платний сертифікат про закінчення курсу.

Інвестиції в себе

Фінансовий планер для підготовки плану запитує поточні доходи і витрати родини. Різниця між ними – це заощадження. Родина їх інвестує і згодом використовує для фінансування цілей (авто, житло, медицина, фінансова свобода, освіта дітей, подорожі та соціальні проєкти).

Темп зростання витрат приймається рівним середньому показнику інфляції. За замовчуванням, темп зростанням доходів приймається рівним інфляції. Якщо ж для молодих професіоналів темпи зростання доходів на 1–10% вищі за інфляцію, то це суттєво додає оптимізму у фінансовий прогноз життя і створює привабливу візію майбутнього.

Ось як виглядає фінансовий баланс родини, характерний для 25–30-річних.

АКТИВИ	ПАСИВИ
ДЛЯ ЖИТТЯ	КРЕДИТИ
ІНВЕСТИЦІЇ	
HUMAN CAPITAL	МАЙБУТНІ ФІНАНСОВІ ЦІЛІ

Суттєвих кредитів зазвичай немає, інвестиційних активів обмаль, а ключові для фінансування майбутніх фінансових цілей – активні доходи.

Ви плануєте профінансувати вищу освіту своїх дітей? Допоможіть їм також розвинути любов до навчання та навик самовдосконалення на все життя.

Підприємництво і ризики

Син чи донька хочуть йти слідами Стіва Джобса, Білла Гейтса та Марка Цукерберга, кидати університет і відкривати власний бізнес? У вас, звісно, є раціональні аргументи, чому так не варто діяти. У стартапах виживає 1 з 10. Половина малих бізнесів в Америці закриваються у перші 5 років роботи.

Та як боротися емоційними аргументами? І що, коли це справді новий Марк Цукерберг з проривною ідеєю?

Тут, як і загалом у процесі виховання дітей, вам допоможуть історії. Особливо з досвіду спільного кола. Я би показав сину приміщення під оренду на цокольному поверсі нашого будинку. За останні два роки там було бістро, магазин розливного пива, магазин жіночої білизни. Зараз це частина більшого ресторану.

Інший спосіб – спільний перегляд бізнесових реаліті-шоу на українському YouTube, щоб показати помилки у бізнесі на реальних кейсах. Наприклад, WIN WIN SHOW. 10 учасників проєкту борються за місце у трійці переможців, які залучать інвестиції на розвиток свого бізнесу. З перегляду стане зрозуміло, що бізнес-ідеї, під які інвестор дасть гроші, це не мрії про чотиригодинний робочий день на пляжі.

Утім вищесказане ніяк не скасовує факт, що ви маєте справу із молодим дорослим. Тож нагадаю: гроші – не виховний інструмент. Скарги про витрачене на освіту тут ні до чого. Фінальне рішення НЕ за вами!

Хай що ти робитимеш, роби це якнайкраще

У турецьких і єгипетських готелях є чудова традиція. Увечері аніматор проводить міні-диско для дітей. Це дуже мило, як дітки різного віку намагаються повторювати за аніматором танцювальні рухи.

Ми відпочивали два тижні в готелі Reef Oasis Blue Bay. Ярослав з першого ж дня полюбив міні-диско. Їх проводила аніматорка з України. Ця дівчина, вочевидь, раділа своїй роботі і намагалася виконувати її якнайкраще. На сцені яблуку ніде було впасти. Діти співали, танцювали, місце міні-диско ставало центром радості в готелі. На шостий день замість дівчини працював аніматор з Італії, який і частину пісень змінив, і саме диско провів кволо. На сьомий день дітей прийшло вдвічі менше. На восьмий дівчина повернулася з вихідних, і атмосфера свята знову запанувала над танцмайданчиком. Маленькі танцюристи почали повертатися.

Та аніматорка отримувала багато подяк від батьків. Вона в роботі з дітьми завжди знайде собі хороше місце.

Багато розмов про нові покоління, які шукають не зарплату і стабільність, а сенси своєї роботи. Нинішні новонароджені працюватимуть у професіях, яких ми зараз навіть не знаємо. Пишуть і про те, що частину професій автоматизують роботи, тож робочих місць не вистачатиме.

Ми не знаємо, яким буде майбутнє. Те, що в наших силах — учити дітей віддаватися своїй справі, хай що вони робили б.

РОЗДІЛ 4

ВИТРАЧАТИ. ВІДКЛАДАТИ. ВІДДАВАТИ

ТРИ КЛЮЧОВІ ПРАВИЛА НАВЧАННЯ ФІНАНСОВІЙ ГРАМОТІ

Перше правило: все, що ви демонструєте своїм дітям власним прикладом, може бути використано ними для їхніх фінансових рішень.

Друге: діти будуть помилятися.

У дитинстві помилки «коштують» відчутно менше, ніж у дорослому віці. Ви не можете вберегти від всіх неправильних рішень з грошима. Однак у ваших силах допомогти дитині дійти висновків і навчитися на помилках. До речі, поведінкова економіка показує, що втрату суми грошей люди переживають болісніше, ніж заробіток такої самої суми доходу.

Історія з розділу «When it's gone, It's gone» книжки Дейва Ремсі і його доньки Рейчел Круз[21]. Спогади Рейчел:

21 Smart Money Smart Kids by Dave Ramsey and Rachel Cruze.

—Але тату!!! Я знаю, що виграю щось цього разу! Дай, будь ласка, ще грошей.

Моїй сестрі Деніз було вісім, мені шість. У нас обох були конверти, зокрема й конверт «Витрати», куди ми відкладали гроші, зароблені вдома.

Недалеко від нашого міста був великий парк розваг. Батьки купували сезонні абонементи, тож ми були постійними відвідувачами. Атракціони та їжу теж покривали батьки. Правило нашої родини: за ігрові автомати діти платять самостійно.

Того дня ми приїхали в парк, прихопивши з собою конверти «Витрати». Емоції переповнювали мене, тож я не дуже уважно слухала традиційні батькові настанови на початку дня щодо правил. Деніз водночас кивала і говорила: «Так, я розумію, що потрібно спланувати гроші на цілий день. Не хвилюйся, у мене ще й залишаться».

Як тільки ми зайшли, я одразу обрала ігровий автомат біля входу і почала розважатися. Одна гра, друга, третя… Усі мої гроші закінчились швидко. Я почала благати батьків дати ще, але вони сказали «ні». Я навіть просила дати мені в кредит. Якщо ви чули історію життя мого батька, то зрозумієте, чому заявка на кредит не була схвалена. Я також просила гроші у сестри, але теж отримала відмову.

Того дня батько сказав мені слова, які я пам'ятала всі мої наступні двадцять років. «Рейчел, якщо грошей немає, то їх немає. Як тільки їх витрачено, назад повернути неможливо. У тебе вже закінчились гроші, ти до кінця дня не гратимеш на автоматах». Так і було!

Я яскраво запам'ятала наступні шість годин того дня. Я досліджувала безкоштовні опції, які є в парку. А також спостерігала, як Деніз обирає ігри і чи варті вони її бюджету. Хоча я цілий день скиглила, зараз ціную той життєвий урок у парку.

Спогади Дейва:

Емоційно важко виявити твердість і дати дітям постраждати від наслідків їхніх рішень. Вони наївні, милі, наполегливі, напористі. Кортить сказати: «Це всього лиш дитина».

Природно, в нашій сім'ї було багато випадків, коли ми рятували дітей від наслідків поганих рішень. Є батьки, котрі очікують тільки вдалих результатів і опікуються всіма дитячими рішеннями. Я називаю їх «батьки на гелікоптері». Вони ніби літають над дитиною, захищаючи і не дозволяючи відчути біль від неправильних дій. Ми шукали баланс.

Ми з Шерон дозволяли нашим дітям страждати від провальних рішень час від часу. Уявляли, ніби у нас ручка термостата, і ми контролюємо рівень тепла. Достатньо гаряче, щоб було некомфортно. І не надто гаряче, щоб не було опіків.

Я зустрічав і 45-літніх банкрутів, що не навчилися контролювати витрати. Того дня в парку все було очевидно. Коли гроші закінчилися, скиглення і скандали не змінюють математики.

Мільярдер Джек Ма під час свого виступу в Києві 8 листопада 2019 року сказав цікаву фразу у контексті навчання на МВА:

Навчальна програма бізнес-шкіл базується на успіхах компаній. Якщо ви чуєте багато історій успіху, вам здається, що так є і в реальному бізнесі. А насправді це не так. Потрібно вчитися на помилках. Помилки — це навчання. Що більше помилок, то більше досвіду та інновацій.

Третє правило навчального процесу: вам доведеться багато повторювати. Знову. Знову. І знову.

Повторення має безліч форм. Це може бути перечитування однієї книжки чи історії десятки разів, ігри на розвиток, спостереження за іншими дітьми чи дорослими, взаємодія з ними.

На Заході кажуть: «Practice makes perfect». Постійна практика допомагає добре оволодіти вміннями. Необхідність повторювань підкріплюють і наукові дослідження. У дорослих нейронні зв'язки з багатьох навичок сформовано, у той час як у дітей вони тільки починають формуватися. Повторення зміцнює нейронні зв'язки, які допомагають їм навчатися.

Тож у процесі навчання дітей фінансовій грамотності у вас буде прекрасна можливість тренувати власну терплячість :)

СИЛА ТРЬОХ «В»

У наступних розділах ви дізнаєтесь про три ключові навички управління грошима: витрачати, відкладати, віддавати. Повторю, що вікові рамки груп «Дошкільнята», «Школярі», «Підлітки», «Молоді дорослі» є гнучкими. Вік може на 1–2 роки коливатися, залежно від індивідуальних особливостей дитини.

Здатність дитини приймати фінансові рішення часто перевищує оцінку батьків щодо її готовності. Якщо ви бачите, що ваше чадо готове отримувати нові фінансові знання і брати більше відповідальності – підтримуйте й погоджуйтесь.

Витрачати

Свідомо витрачати – критично важливо. Я, до речі, рідко вживаю термін «економити», мені ближче «свідоме споживання». Якщо не контролювати витрати, то втрапиш у «щурячі перегони». Темпи зростання доходів і витрат будуть однаковими.

Роман Кошовський у статті «Інфляція способу життя» вміло описав психологічні пастки, в які потрапляє наш розум. У сусіда хата біла, у сусіда жінка мила. Я це заслужила – можу собі дозволити. Гедоністична адаптація. Закон Паркінсона щодо персональних фінансів звучить так: «Витрати завжди прагнуть зрівнятися з доходами».

Питання, яке мені постійно ставлять на семінарах з фінансової грамотності – як боротись з емоційними купівлями?

Будьмо відвертими – фінансові дієти не працюють! Неможливо все життя обмежувати себе в солодкому. Та й не потрібно. Ми люди, у нас є права півкуля мозку (раціо, логіка) і ліва (емоції, креатив).

Що варто спершу вчинити – це відповісти самому собі на запитання: навіщо? Навіщо мені не витратити все зараз, а відкласти щось на майбутні витрати? На що саме відкладати?

Відповідь – на Цілі!

Тільки тоді буде мотивація. На університет для дитини з 19 років до 25 років для деяких читачів цієї книжки. Для школяра – прикладом цілі є новий конструктор чи гра на мобільному.

Відкладати

Фінансові радники всього світу стверджують: «Відкладати 10% зі свого доходу може кожен». Незалежно від обсягів доходу!

Григорій Овчаренко, керуючий українськими фондами компанії ICU, показує у своїй презентації такий слайд:

10–15% заощаджень вистачить на комфортну пенсію. Уточню, що це якщо почати у віці 20–30 років і системно ще 15–30 років інвестувати кошти.

Мій досвід роботи фінансовим планером з більш ніж 50 родинами українського середнього класу показує необхідні цифри заощаджень у діапазоні 20–50% від активного доходу. Адже, окрім пенсії, є інші майбутні цілі: освіта дітей, житло вашої мрії...

А втім, для фінансового виховання дитини все значно простіше. Вам потрібно натренувати навичку відкладати з кожного доходу. Абсолютно з будь-якого прибутку незалежно від суми. Я вірю, що звичка регулярно відкладати гроші – це один з найцінніших навиків усього, чому ви навчите своїх дітей.

Віддавати

Українцям дивно бачити «віддавати» серед ключових навиків. Голодні роки початку незалежності привчили більшість людей до цінностей виживання. Грошей не вистачало на найнеобхідніше, а заощадження були мізерними.

Однак ця книжка про фінансово успішну дитину. Ви читаєте ці рядки, отже, піклуєтесь про освіту своїх дітей. А отже, у них значно більше шансів міцно стояти на ногах у майбутньому. Незалежно від країни проживання, роботизації робочих місць та світових економічних криз.

Благодійність, допомога ближньому і прагнення змінити світ на краще теж є частиною управління грошима. Професори психології, автори книжки «Happy Money: The Science of Happier Spending» Елізабет Данн і Майкл Нортон обґрунтовують, чому витрати на інших людей приносять більше щастя, ніж на себе. Власне, такі витрати допоможуть усвідомити, що гроші — це інструмент.

ІСТОРІЯ БАТЬКІВ ЗІ ЛЬВОВА

Костя Щербина (бізнес-аналітик в IT-компанії) та Оксана Іванченко (мама у декреті) живуть у Львові. У родині були фінансові проблеми після 2008. Та завдяки фінансовому плануванню і ощадливості, у 2020 році родина має змогу не лише покривати поточні витрати, а й формувати пасивний дохід.

Розкажіть, будь ласка, про ваших дітей.

— Ми виховуємо трьох дітей: Каті вісім років, Саші — шість, Андрію — три. У нас так вийшло, що діти самі обрали собі, у якій школі вчитися, тому Катя вчиться у державній львівській школі, а Сашко у ThinkGlobal Lviv. Андрій відвідує садочок.

Які фішки реально працюють у вашій роботі щодо грошей для дітей?

— По-перше, ми самі ведемо свій сімейний бюджет у мобільному додатку Coinkeeper. Там ми плануємо свої витрати на місяць наперед за різними категоріями (продукти харчування, комунальні, паливо, школи та садок, гуртки, іграшки, розваги та інше), обліковуємо прихід та витрати щодня, стежимо за балансом.

Діти це бачать, іноді самі просять внести покупку в додаток після відвідування магазину. Перш за все, у фінансовому вихованні важливий приклад батьків. Зараз для них це як гра, однак ми сподіваємося, що це стане важливою звичкою для них вже у підлітковому віці. Ба більше, ми активно використовуємо історії (сторітелінг).

Костя: якось ми їхали на відпочинок в Одесу і там зупинилися на автовокзалі. Старший син побачив біля смітника безхатька, і запитав: «Хто цей чоловік і чому він так жахливо виглядає?». Я йому пояснив що, ймовірно, той чоловік не має можливості працювати і не хотів вчитися. Син одразу пообіцяв: з ним такого не станеться і він буде розумнішим за тата:).

Оксана: діти полюбляють ходити з нами до банкомату і знімати готівку. Це пробуджує їхню цікавість щодо теми грошей. А звідки на картці є гроші? А як вони туди потрапляють? Що треба для того, щоб мати золоту карту?

Це чудова нагода розповісти дітям про працю, професію, вміння постійно навчатись, щоб добре заробляти. Це стимулює їх ходити до школи, старанно навчатися та бути відкритими до всього нового.

Загалом, метод сторітелінгу працює у всіх сферах батьківсько-дитячих відносин. Коли найменший лінується іти в садочок, я йому розповідаю, що теж ходила в садочок і там зустріла подругу, з якою товаришую усе життя. Показую свої фото із садка. Питаю його: «Якби я не ходила в садок та школу, де б я іще зустріла своїх друзів?». Це ілюстрація важливості соціальної групи і соціального капіталу.

Цікавлюся також казкотерапією, адже історій лише із власного досвіду не вистачає. Вигадую історії, в яких актуальні теми, важливі для обговорення з дитиною. Ну і в кінці, звичайно, мораль, яку потрібно донести дитині у конкретній ситуації.

Як розвивати у дітях терплячість?

— Це процес, в рамках якого у нас існує цікава сімейна традиція: місячна іграшка з бюджетом 500–700 гривень для кожного із дітей. Наші діти мають чекати місяць для купівлі справді хорошої іграшки. Вони знають, що ми не здамося на дріб'язкові іграшкові витрати, які загалом набагато перевищують вартість тієї однієї.

Якось Сашко дуже хотів мати великий конструктор Lego вартістю близько 2500 гривень. Ми його придбали йому у червні, за умови, що він зарахований за чотири місячні іграшки. Сашко погодився чекати аж до жовтня. Завів собі календар, де хрестиком позначав, скільки ще залишилось днів до жовтня. Вміння почекати, потерпіти — дуже цінний навик, який знадобиться у рішеннях дорослого фінансового життя.

За що і як ви платите дітям?

— Ми ще не завели повноцінну систему кишенькових грошей, діти ще малі, і не було потреби.

Костя: я більше прихильник систем з балами, а не гривнями, однак зараз у нас змішана система. З останнього: ми платили дітям, щоб вони помили авто, зібрали яблука на городі, колорадських жуків з картоплі, опале листя. Часто вони допомагають просто так, не за гроші. Однак коли кортить назбирати на щось, то просять роботу «за гроші». Ми ніколи не відмовляємо. Як же інакше їм власними силами отримати те, чого бажають?!

У Каті з шести років з'явилися хист та бажання заробляти власні кошти. Ми її підтримуємо. Був випадок, коли вона зробила браслети і пішла їх у парк продавати. Вона навіть підходила до батьків та дітей біля атракціонів і просила їх придбати свої вироби. Те, що десь тільки 10% щось купували, теж дуже цінний досвід переговорів та продажу для дитини, адже у бізнесі в продажах часто більше відмов, ніж успішних угод. Їй було неприємно чути відмови, однак вона не припиняла продавати. Потім ми з нею аналізували, яких браслетів продалось більше і що слід врахувати при виготовленні наступних. Дитина освоїла поняття ринку та попиту. Виставляла свої картини взимку на вулиці перед будинком, продала 3 із 10.

Зараз у неї ідея відкрити школу читання для дошкільнят у нас вдома (сама вона дуже любить читати та хоче передати цей навик малюкам). Навіть бізнес-план писала і план уроку, питала мене порад. Також хоче проводити майстер-класи із виготовлення слаймів.

Один із улюблених видів заробітку — це домашні концерти (долучається часто ще двоюрідний братик). Вони складають репертуар, хто що буде виконувати, виготовляють вхідні квитки (20–30 грн), вигадують костюми. Зазвичай це показ своїх талантів — пісні, віршики, танці, гімнастика, карате, акробатика на шведській стінці і навіть усне рахування Соробан. Найцікавіше спостерігати потім, як вони «ділять касу».

Оксана: Сашкові ми придумали грошові стимули для його інтелектуальної активності. Він дуже любить грати в шахи. За кожну виграну партію у родинному колі ми йому нараховуємо 1 бал. Потім 1 бал можна конвертувати в 10 грн. Наприклад, збільшивши вартість місячної іграшки. Нещодавно протягом відпочинку на морі Сашко так захопився шахами, що накопичив аж 50 балів. Ми одразу ж замовили набір Lego, який чекав нас у Львові на Новій Пошті. Його старання монетизувалися у щось особливо цінне для нього.

Що важливо розвивати у дітях?

— Насамперед вміння мислити. Часом ми граємо з дітьми в гру пошуку відповідей на нестандартні запитання. Як танк доставити на інший берег річки? Чи можна перенести на інше місце будинок?

Одне із запитань: «Хто заробляє багато, хто мало?». Звичайно, не хотілося б, щоб діти обирали професію тільки заради грошей. У той же час, міркуючи про професії у такому контексті, ми підводимо до думки, що потрібно бути професіоналом у своїй справі, аби добре заробляти.

А що в батьків в Америці?

Щороку інвестиційна компанія T. Rowe Price проводить опитування батьків[22]. У ньому беруть участь понад 1000 сімей різного достатку, у яких є діти від 8 до 14 років. Запитання анкет різноманітні. Наприклад, скільки батьки тратять на подарунки до дня народження і на інші свята. Наведу деякі цифри.

22 https://www.slideshare.net/TRowePrice/t-rowe-price-parents-kidsmoney-survey?from_action=save

53% заощаджують на фонд освіти дитини (коледж). Хоч як не дивно, у 68% це пріоритетна мета, що переважає навіть заощадження на власну пенсію.

59% відповіли, що вони непокояться, щоб не «розбалувати» дитину. У схожому питанні 55% непокояться, що вони витрачають кошти на дитячі речі, яких насправді діти не потребують. 39% визнали, що був випадок, коли вони позичали з дитячої «скарбнички» і не повернули потім всі гроші!

20% батьків почали давати кишенькові гроші дітям у віці 6 років. Ще по 19% у віці 7 та 8 років.

31% говорять з дітьми про гроші раз на місяць або й менше. 18% взагалі не порушують тему грошей у стосунках з дітьми.

Серед тих, хто говорить про гроші, пріоритетні такі теми: як важливо відкладати (54%), як можна заробляти гроші (41%), як вести бюджет (36%), як ставити фінансові цілі (34%), навіщо віддавати на благодійність (31%). З усіх батьків, які діють у такому руслі, 83% відповіли, що вони відчувають позитивний ефект від розмов.

76% хочуть записати або вже записали дитину на курс із фінансової грамотності.

І нарешті, 55% відповіли, що дають кишенькові гроші, але діти мають їх «заробити». Як бачите, у цьому питанні є контраст з порадами психологів.

І насамкінець, трохи про дітей! 90% з них відповіли, що мають власні заощадження. 29% заощадили 500 доларів і більше. Дуже цікавий слайд, який демонструє, у кого вони вчаться управлінню грошима, окрім батьків.

88% дітей сказали, що їхні батьки добре вміють розпоряджатися грошима. А 77% – що батьки дають їм вибір в управлінні дитячими грошима.

пит. 91. **Хто ще, крім ваших батьків, говорить з вами про гроші чи навчає вас фінансової грамотності? (Позначте всі правильні варіанти)**

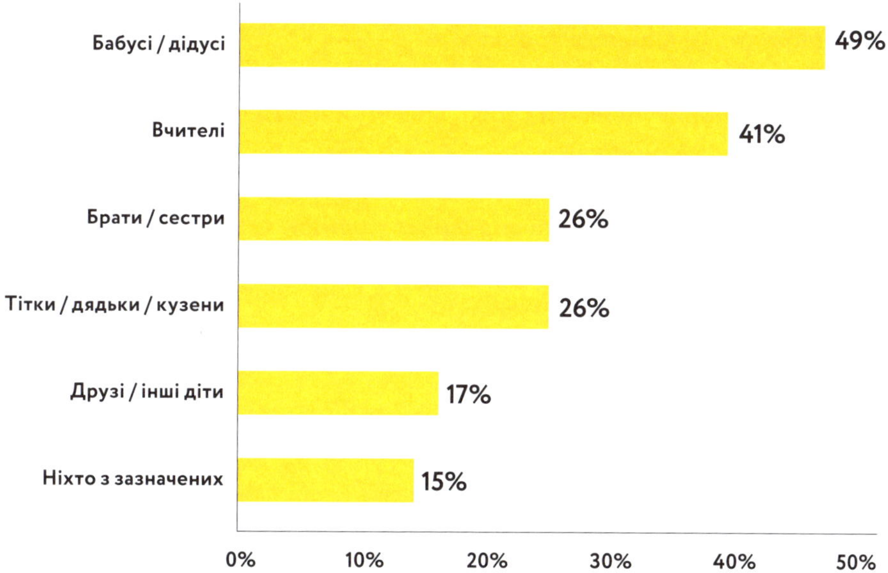

10 ХАРАКТЕРИСТИК ФІНАНСОВО ГРАМОТНОЇ ДИТИНИ

У вже згаданій книжці Джолін Годфрі наведено такі характеристики:

1. Вміє відкладати.
2. Вміє заробляти. Розуміє, скільки коштує праця і як отримати справедливу оплату.
3. Свідомо витрачає.
4. Вміє розмовляти про домашні фінанси та сімейний бюджет.

5. Вміє жити в рамках бюджету.
6. Вміє інвестувати.
7. Може мати справу з кредитами.
8. Розуміє свій підприємницький хист.
9. Вміє використовувати гроші, щоб змінювати світ на краще.
10. Є громадянином світу.

Далі ми подивимось на вправи і методики, як досягти таких характеристик!

РОЗДІЛ 5

ДОШКІЛЬНЯТА. ПРИВІТ, ГРОШІ

Після 18 місяців життя Ярослав почав говорити. Мама, папа, баба... Його улюблене слово – «дай». Ми чуємо його понад сто разів на день. Більшість «дай» фізіологічні – «дай піть», «дай баляка», «дай песеню», «дай сосю». Та навіть у такому маленькому віці з'явився запит, який ми рідко задовольняємо. Це «дай мулю».

З часом запитів, які батьки не задовольнятимуть, стає більше...

ВИТРАЧАТИ

Баланс між «хочу» і «треба»

У Юлі Федоренко, організаторки MamaPapa Forum в Україні, двійнята. Хлопчик і дівчинка віком п'яти років.

> *Коли діти досягли чотирьох років, я почала замислюватися, коли ж їм розповісти про гроші, сімейні фінанси, і найголовніше – як це втілити.*

За такого ніжного віку мені не хотілося переводити мої взаємини з дітьми на прагматичний розрахунок: ти мені зробив — я тобі заплатила. Моя мета: показати, яку роль відіграють гроші у сімейних стосунках, щоб діти зрозуміли їх цінність, були залучені до процесу свідомого розподілу коштів, навчилися цінувати те, що мають, і прагнули мати більше. Тут важливо розмовляти з дітьми, пояснювати їм ті чи інші дії та обмеження, які ми, дорослі, накладаємо на їхні дитячі бажання.

Першим знайомством із сімейними фінансами було пояснення дітям, що мама з татом працюють, аби заробити гроші і купувати харчі, одяг, їздити відпочивати і, звісно ж, купувати іграшки. Та це більше стосувалося того, щоби пояснити дітям, чого мами й тата немає вдома.

Наступним важливим дзвіночком було те, що в дітей почало виявлятися споживацьке ставлення до нас. Особливо у хлопчика. Він завжди хотів щось купити. «Щось»—це іграшка! Щодня купи-купи-купи. Замість «доброго ранку» він питав: а що ти сьогодні мені купиш? Хоча я не можу сказати, що ми надто балували їх іграшками й постійно щось купували.

Я намагалася їм пояснити, що бувають корисні іграшки, а бувають «дурниці». На прикладах показувала, чому та чи інша іграшка не має жодної користі. Доводилося пояснювати довго й нудно, та все ж були позитивні результати. Дівчатка більш покладливі, і з Сонею було простіше. Із Сашею складно й зараз. Та ми наполегливо йому пояснюємо.

Я не боюся заходити із дітьми в іграшковий магазин і даю їм вибирати, враховуючи корисність іграшки на їхній погляд. Соня завжди обирає розмальовки, пластилін, книжки. Із Сашею важче))))—нам треба багато машинок, роботів та ін. Проте ми продовжуємо його скеровувати. Зараз намагаюся переключити його увагу на конструктори та розвивальні ігри.

Були спроби дати їм гроші, наприклад, по 200 грн, аби вони зрозуміли, що можна купити на такі гроші. Та проблема у тому, що вони ще не мають повноцінного навику підраховувати, щоб зрозуміти цінність 200 грн чи й більше. З цим доведеться експериментувати пізніше, найближчим часом. А поки що гроші, які їм дарують, збираємо у скарбничку на щось вагоміше.

Зараз я люблю їх брати в магазин за продуктами. Ми обговорюємо, що треба купити, чого немає вдома: молока, хліба, йогурту, сирочків. Дозволяю їм самим вибирати йогурт, сирки, печиво. Вважаю, що таким чином дитина позбувається внутрішнього стану «дефіциту» і постійного бажання купи-купи-купи. Так вони входять у процес купівлі і почуваються важливими в спільному сімейному діянні. Вони бачать, на що витрачаються гроші, і починають розуміти, що не лише іграшки їм потрібні.

Якось чоловік намагався запровадити винагороду за виконання домашніх справ — за прибирання за собою іграшок. Та все ж ми відмовилися від цієї затії, вважаючи, що свої постійні обов'язки діти мають виконувати усвідомлено й без винагороди. В окремих випадках можна винагородити за роботу, яка не входить до кола їхніх обов'язків. У нашому випадку — це допомога нам безпосередньо у нашій роботі. Так, наприклад, напередодні івентів вони допомагали мені сортувати бейджі за кольорами. Той, хто славно потрудився, був винагороджений відвідуванням кав'ярні на какао з тістечком.

Моя знайома оплачує синові (14 років) його роботу, коли він допомагає їй оформляти презентацію до виступу. А моя сестра платить дочці, коли та допомагає їй заготовляти деталі до «ведмедиків», які вона удома шиє для колекціонерів.

Цими днями ми консультувалися у логопеда. Зараз нам доведеться пройти курс зразу двом — Саші і Соні. На моє питання про тривання наших візитів логопед відповіла таке: ми стимулюємо дитину впоратися швидше і налаштовуємо так: що швидше вона виконає завдання, то більше зекономить гроші своїм батькам, а батьки зекономлене витратять на неї. Чудова ідея і мотивація для дитини. Обговорила це з дітьми і попросила їх старанно ставитися до занять, щоб ми дещо заощадили і витратили на щось приємніше для них. Сподіваємося, що це спрацює, згодом напишемо про результат.

Ще упіймала себе на тому, що забороняю собі казати дітям про те, що ми не маємо грошей, коли вони просять щось купити. У мене на це є інші аргументи, чому я не можу потратити таку суму грошей на те, що вони просять. Важливо пояснити дитині, чому «ні», щоб вона з цим погодилася. Переконливий аргумент завжди можна знайти.

Реклама і маркетинг

Реклама буде переслідувати ваших дітей всюди, особливо на ТБ, YouTube та в магазинах. Кіндер-сюрпризи потрібно продавати, і маржі там вистачає на топ-місця біля каси і активний маркетинг. Що ж робити?

На YouTube варто придбати підписку YouTube Premium і встановити додаток YouTube Kids, розроблений спеціально для дітей. Він містить розважальний і пізнавальний відео-контент. У преміум-пакеті не буде реклами. На ТБ є хороші платні канали, де більше пізнавального контенту і менше реклами.

Та ключове — розвивайте у дитини критичне мислення. Поговоріть з нею про рекламу. Не абстрактно, а на прикладі. Візьміть рекламу Coca-Cola чи Pepsi на ТБ, і поясніть, що там грають актори. Вони створили цей ролик за гроші. Розкажіть, що компанія заплатила, щоб її ролик показували, бо тоді продається більше товару. Покажіть, що новорічна атмосфера – це не солодкий напій, а ваші сімейні традиції.

Якщо знаєте факти, можете оперувати ними у спрощеній формі. Обговоріть з дитиною, чому в США споживання солодких газованих напоїв падає і в 2016 було мінімальним за останні 30 років. Розкажіть, як активно компанія Coca-Cola розширює свою лінійку продуктів, придбавши бренди мінеральної води та органічних продуктів.

Солодка газована вода і «кіндер» містять багато цукру. Діти, спробувавши їх, все одно будуть хотіти ще. Це фізіологія. Захист здоров'я і психіки дітей від маркетингу в культурі консюмеризму – комплексне завдання.

Ваше тверде «ні»

Добре, коли у вас заздалегідь заготовлений план. Наприклад, ви залишили дитину в ігровій кімнаті під час шопінгу. Чи креативно включили її у вибір потрібного всій родині. Однак що робити, коли ви біля прилавка і прохання купити солодощі/ляльку/конструктор переростає в істерику?

Відомий російський психолог Андрій Курпатов вважає, що досконалість виховання – до плачу не доводити, адже дитина не плаче просто так. Тобто слід навчитися розпізнавати потреби і передбачати ситуацію. На YouTube є відео[23], де він якраз відповідає на питання про скандал у магазині на прикладі власної історії з донькою Сонею. Ось його звернення при спробі доньки взяти незаплановану покупку з полички:

23 https://www.youtube.com/watch?v=Wq5UqtoBwBU

— *Соню, ми з тобою мультик сьогодні дивилися?*

— *Так.*

— *Ми з тобою сьогодні Хеппі Міл їли?*

— *Так.*

— *Ми з тобою купили ляльку, по яку прийшли в магазин?*

— *Так.*

— *То чому ж ти плачеш? Де логіка?*

Якщо у вас принципова позиція, покажіть, що «ні» означає «ні». Якщо у вашій родині багато заборон, які дитина часто порушує, то, звісно, «ні» звучить як «бла-бла-бла». Як тільки дитина дізнається, що плачем все одно можна домогтися свого, то буде дуже наполегливо використовувати цю техніку і надалі. Отже, «ні» тільки коли ви твердо переконані, що це необхідно і правильно. Плач не має стати засобом домагатися купівлі в магазині.

Можливо, вам буде ніяково перед касиром та іншими покупцями. Можливо, у вас виникне думка: «Як же так, хіба я не можу дозволити лише цього разу?». У декого навіть виникне почуття провини перед дитиною.

Ваші емоції зрозумілі. Скажіть собі: «Я люблю свою дитину і хочу найкращого для неї. Коли моя дитина виросте, вона не спустить всі гроші на емоційному шопінгу, а вмітиме планувати бюджет і необхідні покупки».

Не буде зайвим, якщо ви вмієте жартом, історією чи чимось цікавеньким перемкнути увагу на іншу тему одразу після емоційного піку імпульсивної купівлі. Раціональні аргументи краще залиште на спокійний час.

Перші самостійні купівлі

У дошкільному віці дітям важко відкладати місяцями, тому по факту їхні власні гроші вони витрачають в найближчі тижні. Ба більше, вони слабо розрізняють абсолютні величини. 20 гривень і 1000 гривень не видаються аж такими різними.

Покажіть звичайні банкноти і монети, поясніть, чому банкноти цінніші. Розкажіть, що можна купити за 5, 10, 20, 100, 500, 1000 гривень. Мені подобається красивий дизайн сучасних гривневих банкнот. Якщо вам теж, поговоріть з дитиною, що зображено, хто зображений на купюрах. На сайті banknotes.finance.ua ви знайдете зображення не лише українських банкнот, а й США чи єврозони.

Будьте із дитиною поруч у хвилюючий момент її дитинства, коли вона вперше за власні гроші купить солодощі чи іграшки. Допоможіть спланувати цей момент, почекати його і дізнайтесь, що вона відчувала.

Надалі у продуктових закупах залучайте дітей до вибору товарів за списком. Покажіть на прикладі одного товару (сік, шоколадка, йогурт), чому ви обрали саме його. Розкажіть, які були альтернативи. Дозвольте допомогти вам розплатитися на касі готівкою, розкажіть, чому вам дали решту.

Учіть рахувати

І не тільки гроші :) У садочку і школі теж цим займаються, але ваша участь неоціненна!

Грудень 2019 року, говорить міністр освіти Анна Новосад:

> *За результатами PISA-2018 ми маємо найгірші дані саме з математики. Такі дані, зокрема, заперечують міф про ефективність радянської математичної системи освіти та вказують*

на необхідність кардинальних змін у шкільній освіті, які має на меті реформа «Нова українська школа».

Наступний 2020–2021 навчальний рік буде оголошено Роком математики в Україні.

ВІДКЛАДАТИ

Заплати собі майбутньому

Особливість людського мозку – применшувати корисність майбутнього задоволення порівняно із насолодою тут і зараз. Можливо, тому в багатьох сімей немає навіть резервного фонду на 3–6 місяців життя. Вам потрібно ж перетворити заощадження на звичку, яка діє автоматично. Завдання не з простих.

Отже, у вашої дитини є банка (конверт), куди вона складає гроші. Чи знає дитина, на що вона хотіла би зібрати? Можливо, у вас є історія із власного дитинства, де ви збирали на м'яч чи на книжки. Спробуйте знайти з дитиною річ чи враження, на які потрібно збирати кілька тижнів. Поговоріть з нею: як це – думати (мріяти) про завтра. Візуалізуйте, намалюйте цю мету разом. І головне – придбайте разом, як тільки назбирається необхідна сума!

Протягом дошкільних років у вас, напевно, виникне не одна ситуація, коли дитина забуде про свою мету під впливом емоційної купівлі. Або різко змінить саму мету. Не варто забороняти, однак варто нагадати, на що збирались кошти на початку. І запитати: «Чи ти дійсно цього хочеш?». Це питання, яке спонукає задуматись і вмикає раціо. Воно ой як допоможе вам у фінансовому вихованні.

Інша техніка: «А що на твоєму місці зробив би супергерой?».

День подарунка (за мотивами книжки Світлани Ройз)

День подарунка — це той день, коли дитина може купити собі подарунок. У межах заданого батьками бюджету. Доцільно запланувати такий день раз на 2–4 тижні.

Відповідно, якщо є «хочу» іншого дня, ми кажемо: «Потрібно почекати». Варто у календарі позначити ці дати і допомогти дитині відраховувати час. Також можна використовувати фразу: «Давай ми сфотографуємо цю іграшку, а коли настане День подарунка, тоді і придбаємо».

Світлана пише також про цікаву ментальну вправу — письмову угоду з дитиною про День подарунка. Ви пишете на папері, про що домовились, і тиснете руки або обводите долоні на папері (своєрідна печатка).

Дотримуйтесь обіцянок

Бет Коблінер у своїй книзі «Зробіть із дитини фінансового генія» описує експеримент Рочестерського університету. Дітей

поділили на 2 групи, по 14 у кожній. Обидві групи отримали поламані кольорові олівці. Дорослий пообіцяв, що принесе кращі, і вийшов. До першої групи він дійсно повернувся з новими олівцями. Другій сказав, що не вдалося знайти кращих. Потім з групами повторили те ж саме, тільки зі стікерами.

Згодом у цих двох групах провели знаменитий «зефірний» експеримент. Нагадаю: це коли дітей залишають в кімнаті із зефіркою і обіцяють дати дві, якщо протягом 15 хвилин дитина протримається і не з'їсть зефір.

У групі, де дорослий виконував свої обіцянки, 9 із 14 дітей стрималися, щоб дочекатися другої зефірки. У другій групі — стрималася лише одна дитина.

Невиконані обіцянки надто шкодять дитячій мотивації. Руйнують упевненість, що коли вона заощаджує сьогодні, то отримає бажане завтра.

Водночас 100% виконання правила «твої гроші, купуєш що хочеш»—теж неможливе. Ви як батьки маєте право провести червоні лінії, які переступати не можна. Є очевидні заборонені речі, як цигарки і алкоголь. Є інші, які не дозволено саме у вашій родині. Наприклад, комп'ютерні ігри із насильством, пірсинг чи тату.

В ідеалі, лінії обмежень залишать широкий простір для вибору. Дуже важливо, щоб діти знали про них заздалегідь.

За вами залишається рішення фінансової допомоги дитині. Скажімо, машинка коштує 350 гривень, а в малюка є тільки 330. Універсального правила на всі подібні випадки немає. Будуть випадки, коли ви додасте кошти як винагороду за старання і заощадливість. Та пильнуйте, щоб це не перетворилося на допомогу за замовчуванням. Бо будуть і достатньо дорогі іграшки, коли варто сказати: «Це тільки за власні кошти».

ВІДДАВАТИ

Діти дошкільного віку не зрозуміють, чим опікується благодійна організація вашого вибору. Однак можна показати, в який спосіб ви допомагаєте ближнім. Наприклад, це буде похід до благодійної крамниці, куди ви занесете вживані речі та іграшки в хорошому стані. Поясніть дитині, навіщо ви цим займаєтеся, і залучіть її до пакування речей та доставки.

Якщо ваша родина ходить у церкву, запропонуйте дитині з власних грошей купити свічку чи кинути гроші в скарбничку. Поясніть, чому всі прихожани теж так чинять і як потім ці кошти використовуються.

Під Новий рік Владислава Магалецька написала в Telegram-каналі @sixarticlestoread, що в Києві працює аналог проєкту «Місія Санти» федеральної пошти США. Нагадаю: у них це великий проєкт. На сайті оприлюднюють листи дітей із малозабезпечених сімей до Санта Клауса. З 2019 року кожен громадянин може почитати ці листи, обрати дитину, якій хоче допомогти, і «стати чарівником». Тобто купити подарунок і занести його до найближчого поштового відділення.

У Києві Всеукраїнський громадський Центр «Волонтер» та Служба у справах дітей та сім'ї КМДА організували Новорічну лабораторію. Принцип роботи схожий.

СВІТОВІ СТАНДАРТИ ЗНАНЬ

Автор Telegram-каналу @fintato Іван Вишневський переклав українською Національні стандарти фінансової грамотності для школярів США. Ось що повинні знати діти 5–6-річного віку про витрати та заощадження.

1. Планування допомагає людям визначатися, як використати свої кошти.
2. Способи використання коштів: витрачати, заощаджувати, ділитися.
3. Торгівля можлива, коли обидві сторони задоволені отриманими прибутками.
4. Люди розраховуються грошима для придбання товарів або послуг (завдань, які виконують інші).
5. Різні товари або послуги мають різні ціни.
6. Деякі товари або послуги доступні безоплатно.
7. Люди оплачують товари або послуги у різний спосіб.
8. Банкноти та монети мають різну вартість.
9. Заощаджувати – означає обирати купівлю в майбутньому замість витрат у теперішньому.
10. Існує два варіанти ділитися чимось: те, що не треба повертати, – це подарунок. Те, що позичено, необхідно повернути.
11. Один зі способів допомогти одне одному – це дати гроші.
12. Люди у громаді спільно оплачують вартість послуг, що доступні кожному: наприклад, захист поліції.

ФІШКИ-ЛІНКИ

Книжки Анни Гресь

Серія «Фінансова грамотність для малюків» має дві книжки.

«Перший крок до мільйона»—це історії трьох звірят із яскравими ілюстраціями. Папуга Кеша, кріт Геша і собака Бутерброд. Один все тратить, інший все накопичує, і тільки третій герой правильно розподіляє гроші і приймає раціональні рішення. Прекрасно реалізовано елемент гейміфікації монетками-наклейками. Маленький читач отримує монетки і приклеює їх до мішечка на кожній сторінці за виконане завдання.

Головні герої книжки «Другий крок до мільйона» Іванко та Ганнуся, а також Професор Економус. Ті ж самі монетки – наліпки за завдання. Коли малюк виконає всі завдання і накопичить багато монет, автор рекомендує нагородити його іграшкою чи враженнями.

Мультики

Як і цікаво, і з користю для малечі скористатися дозвіллям? Звичайно ж, разом подивитися мультики! На сайті «Сімейний Бюджет» за пошуком «Смішарики» ви знайдете більше 10 серій нового економічного серіалу.

Герої покажуть, чому важливо мати фінансовий план, думати перед купівлею, страхувати майно і складати яйця в різні кошики. Нічого кориснішого на пострадянському просторі я поки не бачив!

Хоча, знаєте, є все-таки у Смішариків достойний конкурент – це кіт Матроскін!

Його репліка «Гроші у нас є. У нас розуму не вистачає» відображає одну з ключових ідей поведінкової економіки. Якби кіт Матроскін презентував емпіричні дослідження для цієї істини, то міг би претендувати на Нобелівську премію з економіки.

Згадаймо фінансові уроки мудрого кота.

1. Є речі, які дійсно важливі в житті саме для вас. На них, як і на харчах, економити не варто.

І що це ми все без молока та без молока, так і вмерти можна!

2. Ставлення до кредитів.

— *Треба б корову купити.*
— *Та треба. А де ж грошей узяти?*
— *А може, позичити? У сусідів.*
— *А чим віддаватимемо? Віддавати ж потрібно.*
— *Віддаватимемо молоком.*
— *Якщо молоко віддавати — навіщо тоді корова?*

3. Якщо люди з вашого близького кола побігли купувати новий iPhone, це не означає, що вам теж потрібен новий телефон.

— *Я «Мурзилку» передплачуватиму.*
— *А я — щось про полювання.*
— *А я — нічого. Я економитиму.*

4. Потрібно вести бюджет і підтримувати порядок у доходах, витратах і активах.

Шарику, за квитанцією корова руда — одна… Брали ми її одну за квитанцією. Здаватимемо одну, щоб не порушувати звітність.

5. Коти люблять ласку і похвалу. І люди теж :)

Подумаєш... Я ще й вишивати можу. І на машинці, м-м-м... теж...

Міні-вправа «Груша – Яблуко»

Запропонуйте дитині на аркуші паперу намалювати велике яблуко. А потім зі зворотного боку білого аркуша намалюйте з нею грушу. Далі попросіть вирізати і грушу, і яблуко ножицями. Дитина швидко зрозуміє, що це неможливо. Тоді поясніть, що в житті так само і з витратами. Для того щоб мати можливість вирізати і грушу, і яблуко, потрібно спланувати їхні розміри і розміщення на аркуші.

Ще мені дуже сподобався набір фраз Джолін Годфрі для кожного віку. Ось найважливіша для дошкільнят: «Я люблю тебе більше за всі гроші світу».

РОЗДІЛ 6

МОЛОДША ТА СЕРЕДНЯ ШКОЛА. ВЧИМОСЯ

У фінансовому вихованні є просте правило: навчитись управляти грошима можливо, якщо гроші є. Будуть це кишенькові гроші чи авторська система оплат за домашні справи, так чи інакше у дитини шести-семи років з'являться доходи.

Наступні дванадцять років ви допомагатиме дітям вчитися Витрачати, Відкладати та Віддавати. На початку допоможемо із місцем зберігання та візуалізацією цих трьох навичок.

Можна, звісно, замовити на Amazon набір Maxwill Save Spend Share Piggy Bank for Kids за 18 доларів + доставка. Та краще влаштувати сімейну забаву із виготовлення такого набору самостійно. Візьміть три літрові банки, наклейте наліпки і напишіть фломастерами: Витрачати (червоний), Відкладати (зелений), Віддавати (синій). Можна доклеїти стікери, де коротко написати, для чого кожна банка.

ВИТРАЧАТИ

Як часто і скільки давати кишенькових?

Спочатку давайте кишенькові гроші на один день. З часом ви побачите, що дитина спроможна розпоряджатися коштами на тиждень. Схожа система і з категоріями витрат. До підліткового віку – це в основному гроші на їжу, транспорт, подарунки та розваги.

Вкрай важлива систематичність. Як тільки ви перейдете на тижневу систему, встановіть час. Наприклад, вечір неділі чи понеділка. Навіть якщо дитина забуває і не просить, варто нагадати.

Скільки давати – залежить від міста, школи, доходів та ін. Якщо не можете у цьому питанні визначитися і ніхто з сусідів не підказав, починайте з 25 гривень на день. Адже пам'ятаємо, що ці гроші – не тільки на витрати. Дайте фінансову можливість, щоб було з чого відкладати і поділитися з ближнім.

Зауважу, що кишенькові гроші не є інструментом заохочення/штрафів за поведінку вдома чи оцінки у школі. Будь ласка, зрозумійте, що кишенькові гроші ви даєте, бо це ІНСТРУМЕНТ НАВЧИТИ УПРАВЛЯТИ БЮДЖЕТОМ. Ні в якому разі не намагайтесь штрафувати чи затримувати виплати, якщо у вас є проблеми в інших сферах стосунків з дітьми.

Хороша ідея: встановити очікування, що ви будете фінансувати, а що ні в їхній юності. Це розмова після 10 років дитини, у якій ви можете розповісти, чому покриваєте витрати на медицину, освіту, спорт. І не покриваєте витрат на брендові речі, подорожі чи хобі.

У переддень дня народження

В одній з книжок я вичитав оригінальну сімейну традицію. За кілька днів до дня народження малюка ви запрошуєте його у кафе.

І розповідаєте про успіхи минулого року. Хвалите. Спілкуєтесь про життєві плани. У тому всьому є місце і фінансовій частині. На такій вечері пояснюєте, що оскільки незабаром дитина стане дорослішою, то вона матиме більше відповідальності. І кількість кишенькових грошей теж зросте.

Починайте таку традицію з 6–7 років, і хай вона триває до повноліття. А за бажанням і далі. Зверніть увагу, що коли у вас кілька дітей, ви запрошуєте у кафе кожну дитину окремо у переддень її дня народження.

Гроші — не абстракція

Якщо ви введете в пошуку YouTube «monopoly TED talk», то натрапите на виступ Адама Керолла. Відео має більше 5 млн переглядів і 80 тис. лайків. Батько трьох дітей розповідає, як у його родині люблять грати в настільні ігри.

З економічних ігор він грав у Монополію з 11-річною донькою, 9- і 7-річними синами по суботах. І помітив, що діти грають інакше, ніж це було задумано економічними правилами. Наприклад, легко викуповують один одного із в'язниці, позичають гроші на невизначений термін. Тож батько вирішив провести соціальний експеримент: зіграти на реальні гроші.

Адам поїхав у банк і отримав 10 000 доларів різними банкнотами. Він також озвучив дітям, що оскільки гроші справжні, то переможець гри отримає всі 20доларові банкноти у власність після гри. Поведінка дітей кардинально змінилася. Вони стали грати обережніше і вдумливіше купували.

Тож Адам закликає батьків показати дітям, що гроші – не абстракція. Коли його син побачив, як батько платить у магазині телефоном, він сказав: «Я би теж хотів мати телефон для шопінгу». Діти не розуміють фінансову систему платежів. Віртуальні гроші на картках дуже легко тратити. Адам цитує дослідження, у якому доведено, що на шопінгу з кредитками люди витрачають на 18% більше, аніж при оплатах готівкою.

Тож нехай діти самостійно платять фізичними грошима за свою купівлю. І це один із запобіжників дорослого банкрутства.

Є альтернативна вартість рішення про купівлю

У дорослому житті нам постійно доводиться зводити баланс вибору між сьогоденням (на життя, емоції, подорожі, медицину, хобі, благодійність...) і майбутнім (приватна пенсія, вища освіта дітей, комфортне житло, оновлення авто, соціальний проєкт тощо).

Вибір одного означає відмову від чогось іншого, коли гроші – обмежений ресурс. Коли ми витрачаємо гроші, це гроші, які ми не можемо витратити на щось інше. Таким чином можна обрахувати вартість всього, що ми робимо. І ця вартість виражена у рамках можливої кращої альтернативи.

Тож коли у дитини є власний бюджет, вона не може отримати все. Якщо прийнято рішення придбати велосипед, то це означає відмову від нового набору бейблейдів. Розуміння альтернативної вартості допоможе боротися з імпульсивною купівлею в дорослому житті.

Купи хліб

Викладачка MBA Kids Інна Калініна в рамках навчальної серії «Мамин клас» пропонує дати вашому школярикові завдання купувати хліб для родини. Маленький менеджер із закупів буде самостійно купувати хліб для всієї родини та стежити за його запасами на кухні. Вестиме зошит звітності з отриманих і витрачених грошей. Зважатиме на смаки членів сім'ї, плануватиме попит на продукт.

Повідомити таку звістку про купівлю хліба можна урочисто на сімейній вечері. Дитина відчує, що їй довіряють важливу справу і вона буде «як доросла».

Ви можете підказати, як порівнювати ціни і чому найдешевше – не значить кращий вибір. Якщо дитина в кінці місяця заощадить без втрати якості – хвалити. У разі помилок Інна рекомендує наголосити на докладених зусиллях і не рекомендує сварити.

А ще можна спекти хліб чи пиріг вдома. Залучити до «процесу виробництва» помічника, разом з ним порахувати собівартість. Поки хліб випікається, можна поговорити про нематеріальні складові домашнього хліба: час та любов.

Купівля в Інтернеті

Ще в ранньому віці варто встановити на гаджети YouTube Kids. Ми в родині платимо 149 гривень на місяць за YouTube Premium (немає реклами, є можливість закачки відео для офлайн-перегляду тощо). Я щиро вірю, що це одна з найефективніших наших підписок в усьому сімейному бюджеті :)

Школярі – активні «споживачі» різного роду онлайн-ігор. Незважаючи на наявність великої кількості безкоштовних ігрових додатків, за деякі доведеться платити. Так, популярна серед середнього шкільного віку гра Minecraft коштує 6,99 доларів. Статистика свідчить, що батьки готові платити такі гроші за гру в телефоні. Адже до травня 2019-го року додаток було завантажено близько 176 мільйонів разів у всьому світі. Це дозволяє назвати Minecraft найпродаванішою грою за всю історію ігрової індустрії. Однак обмежитись платою лише за придбання додатку буває мало. Розробники Minecraft постійно надсилають пропозиції докупити додаткові опції вартістю від 3,99 доларів за можливість грати офлайн, об'єднуватись, за інструменти та зброю, яких немає у стандартній версії.

Тож пропоную правила оплат за ігри, музику, додатки для школярів:

- дитина сама вирішує, як їй витрачати її бюджет, і має вибір;
- ви забороняєте тільки порно, насильство, зброю, наркотики та ін.;
- купівля в App Store та Google Play тільки після вашої авторизації списання з картки;
- після того, як гроші з вашої картки списано, того ж дня дитина має повернути готівкою.

Якщо ви раптом дасте свою картку дитині для купівлі в Інтернеті, я наполегливо рекомендую, щоб це не була ваша основна картка. Заведіть спеціальну картку для купівлі в Інтернеті.

Наприклад, у ПриватБанку вона так і називається — віртуальна інтернет-карта. Я на такій ніколи багато грошей не тримаю ;)

Просіть дітей радитися з вами перед оплатою своїх купівель в Інтернеті. Це зміцнить довіру між вами та застереже дитину від імпульсивних купівель.

Щомісяця проводьте спільний з дитиною аналіз — скільки і на що було витрачено грошей в Інтернеті. Обговорюйте доцільність і корисність купівель.

Принципи вашого шопінгу та бренди

В Інтернеті популярна стаття колумністки американського Forbes Лори Шин, у якій вона просить вас залучати дитину до прийняття окремих фінансових рішень.

Наприклад, пояснити їй, чому ви вибрали товар приватної марки супермаркету, а не дорожчий на 5 гривень брендовий. Водночас ми в родині намагаємося купувати якісні продукти харчування. Це вже інша сторона медалі — чому і за що ми платимо більше порівняно із дешевшими опціями. Розкажіть дитині про вигідні пропозиції. Наприклад, чому підгузки вигідно купувати великими пачками.

Можна навіть у цілому поговорити про витрати на дитину. У статті на Lustrum «Дитячий бюджет: скільки коштує виховувати малюка» ви можете прочитати про різні досвіди інших батьків у Києві та Львові.

Дозволяйте помилки та спонтанні купівлі

Помилки теж частина навчання. Дозвольте дитині піддатися бажанням і спустити всі тижневі гроші на брендову річ. Чи на розваги із друзями.

Окрім цигарок, алкоголю, наркотиків, зброї, порно, насильства, хай буде мінімум заборон на купівлю за власні гроші. Навіть якщо Халк у вашому світогляді – це ворог Аквамена, і взагалі краще «Друзі» дивилися б! Вам здається, що в будь-якому разі чашка-хамелеон із зображенням Халка жахлива і 500 гривень за неї – неадекватна ціна.

Від вас потрібна допомога дітям в аналізі купівлі і в усвідомленні помилок. Винести життєві уроки й навчатись планувати свій бюджет. Спершу на тиждень. Потім на місяць. Далі на рік. І згодом – до пенсії.

ВІДКЛАДАТИ

Доходи різні, а правила ті самі

Один батько розповів, що син не хоче нічого матеріального. У нього і так все є, родина забезпечена. Трохи поговоривши, серед уподобань сина ми виявили любов до футболу. Тож школяру було запропоновано збирати гроші на квиток і частково транспорт на матч «Шахтаря» у Лізі Чемпіонів.

Заощадження у молодшій школі – це ті ж витрати, просто відкладені на кілька місяців. Марно сподіватися, що малюк у школі почне собі відкладати на перше авто. Ми не в США. Хоча з віком період чекання і накопичення на дорогу купівлю еволюційно зростає.

Отже, ви розповіли дитині, чому важливо відкладати з кожного доходу. Про правило «заплати собі першому». Про різні методики бюджету. І, наприклад, ваша дитина встановила собі таку систему розподілу доходів: 80% витрати, 10% заощадження, 10% благодійність.

І тут в гості приїхали бабуся із дідусем. Окрім подарунків, вони дали дитині 1000 гривень. «На цукерки»,–сказала бабуся. Дуже важливо, щоб і з цього разового неочікуваного доходу дитина відклала по 100 гривень у банки «Відкладати» та «Віддавати».

Завдяки такому правилу ви сформуєте навик заощаджень з будь-якого прибутку. У дорослому житті малюк не спускатиме всю річну премію на розваги.

Лісові комерсанти

У вищезгаданій грі «Монополія» гравець, який залишився після банкрутства всіх інших, стає переможцем. Не найкраща стратегія для співпраці у світі майбутнього, еге ж? Принаймні, так вважають автори української настільної гри «Лісові Комерсанти».

> *Ми вирішили розробити гру, яка вчить дітей формувати позитивні стосунки між собою, підсилювати один одного, допомагати у скрутному становищі і за цих обставин досягати своєї мети, примножувати капітал, ставати фінансово вільною людиною. І все це не за рахунок інших, а РАЗОМ з іншими.*
>
> *А ще під час гри «Лісові Комерсанти» активно «прокачуються» необхідні для успішного життя опції: усний математичний рахунок, читання, мистецтво переговорів, вміння комунікувати та взаємодіяти в команді, артистичні здібності, моделі прийняття ефективних рішень та багато іншого.*
>
> *Маленькі гравці пізнають ази фінансової грамотності, розвивають підприємницькі та лідерські навички. І як бонус — діти починають краще розуміти батьків і більш шанобливо ставляться до ними зароблених грошей. І усім цим навичкам вони навчаються майже непомітно, в ігровій та зрозумілій формі».*

Я грав зі школярами у кількох школах – йде на ура! Ви й самі знаєте, як діти обожнюють ігри. Гру «Лісові Комерсанти» радять дітям віком від шести до дванадцяти, особливо добре «заходить» 8–10-літнім. За часом займає, як правило, від однієї до двох годин. Веселої вам гри!

Поважайте право власності

Право власності – одне з фундаментальних прав західної цивілізації. Тож поважайте право власності дитини на гроші, які вона заробила. «А якщо подарували 100 доларів?–скажете ви,—а це всього лиш дитя?». Звісно, ви можете допомогти притомно розпоряджатися грошима. Але якщо у вас виникає думка забрати ці гроші до загального бюджету, то згадайте слова Девіда Оуена з книжки «Перший банк Тата»[24]:

Майже у кожній сім'ї є негласне правило вилучати у дітей «надлишки». Тобто є межа, вище якої грошові подарунки вважаються занадто великими, щоб їх довіряти молодим розтратникам.

За безсумнівним законом дитячої арифметики, якому навчають дітей самі батьки, п'ятидоларовий папірець (який дітям, зазвичай, дозволяється мати при собі) є для малюка набагато більш цінним надбанням, ніж 100 доларів (які батьки, зазвичай, експропріюють і «зберігають»). Не дивно, що діти незабаром приходять до висновку, що великі суми не є реальними грошима і всю готівку потрібно або негайно витратити, або заховати глибше в шухляду комода.

Національний банк Тата і депозити

Той же Девід Оуен описує, як заснував для свої дітей Банк Тата і платив їм 5% в кінці кожного місяця на залишок, що вони віддали йому на зберігання. Це прекрасна ідея, щоб показати дитині, як гроші можуть примножуватися.

Я згоден з Девідом, що класичні банківські депозити під 1–2% на рік не працюють, адже пасивний дохід непомітний. А мораль цієї вправи – стимулювати заощадження, показати, що вони вигідні. Бо одна гривня, відкладена сьогодні, це більше гривень завтра.

Однак 5% щомісяця – це еквівалент близько 70% річних. І тут я вбачаю розрив із реальним світом, адже таких шалено вигідних

24 The First National Bank of Dad: A Foolproof Method For Teaching Your Kids The Value Of Money by David Owen

інвестицій ні в США, ні в Україні немає. Тож я би рекомендував використовувати ставку 2–3% щомісяця. Це інвестиційний прибуток, який у 2020 справді можливий у бізнесі чи у прямому кредитуванні підприємців.

Маленькі борги

Моя знайома, мама трьох дітей, розповіла, що бувають моменти, коли вдома потрібна саме готівка. Гроші завжди є тільки в дисциплінованої середньої доньки. Тож мама бере у неї кошти, а потім повертає. Без відсотків. Але додатково платить 10 гривень за послугу. Цікава ідея, яка теж стимулює заощадливість.

У молодшій і середній школі базових знань про борг достатньо. Покажіть на своєму прикладі, що коли взяв у борг – то потрібно повернути в обіцяний термін. Діти навчаться на вашому прикладі і, ймовірно, застосують його в розрахунках з друзями, якщо це знадобиться. Про відсотки і небезпеку кредитів – пізніше.

«Чи давати дитині аванс кишенькових грошей, коли вона прибігла і просить?»–запитала інша мама. Оскільки ви маєте увагу дитини, а також вона, мабуть, припустилася помилок у бюджетуванні – то це ідеальний момент поговорити про її рішення, виявити, чому вона навчилася.

А гроші авансом чи в борг без відсотків, звісно, можна дати. Головне, не авансувати рік наперед чи пробачити борг. Правила є правила.

Музей грошей НБУ

Я сумніваюся, що ви вже відвідували цей прекрасний Музей[25], хоча він працює з 2004 року. Тож він чекає на вас у Києві

25 https://museum.bank.gov.ua/museum/#lecture

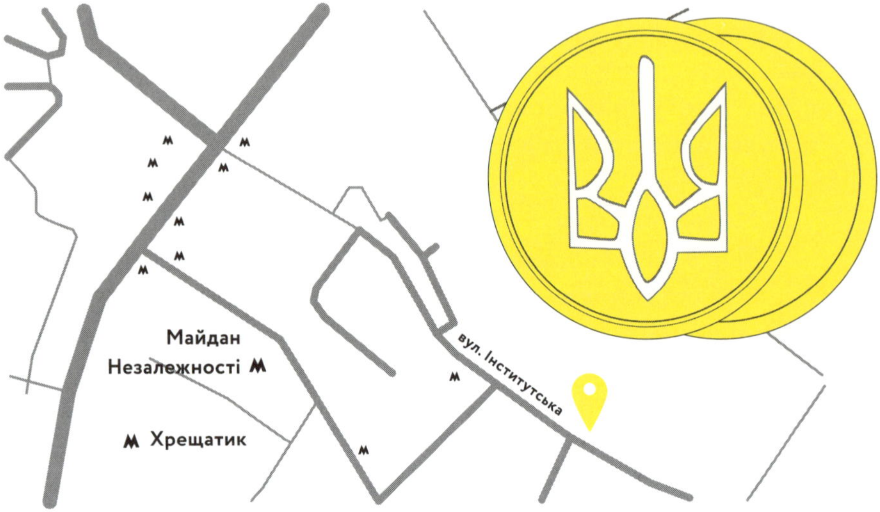

за адресою: вулиця Інститутська, 9. У музеї систематично проводять лекції, дебати, семінари для учнів середньої школи. Тому ви можете запланувати ваш візит так, щоб потрапити і на лекцію, окрім огляду експозиції. Крім того, музей пропонує виїзні освітні заходи для школярів і студентів у Києві на теми персональних фінансів та історії грошей.

Історія Інни Старченко з Дніпра, фінансового планера, мами двох дітей

Дуже важливо навчити дитину практичному поводженню з грошима. Показати цінність грошей. Що можна придбати за 10 гривень, 20, 50 та ін.

Моя п'ятилітня донька казала: «За рожевий папірець я можу купити круасан, чи жуйку, чи солодкі палички, чи чупа-чупс. За зелененьку — шоколадку...».

Важливо пояснити, що гроші спершу заробляють, а потім витрачають. Дайте можливість дитині заробити перші гроші. Наприклад, мій син (11 років) з другом збирали шовковицю, абрикоси й продавали на базарі.

Бажано підтримати дітей у цих підприємливих поривах і не нав'язувати свого негативного досвіду й страхів. Син якось сказав мені, що дідусь на його ідею продавати фрукти відповів: «Хто їх у тебе купить? І ще й поліція оштрафує».

—А я вирішив з другом перевірити. І в нас купили! І поліція проїжджала, ми спершу злякалися, та вона проїхала мимо.

На зимових канікулах діти «заробляють» щедрівками, колядками й посіванням.

Мої діти дуже люблять настільні ігри. І я вирішила їхнє захоплення монетизувати. Знайшла компанію-дропшипер, через яку настільні ігри можна замовляти на 15–20% дешевше. Створила Instagram-сторінку «Настільні ігри». Діти грають, розповідають друзям і продають настільні ігри. Тим самим заробляючи на купівлю нових ігор.

Ще я допомагаю своїм дітям замовляти прикольну канцелярію на AliExpress. Потім вони продають своїм друзям у школі і у дворі. Однокласники моїх дітей виготовляють слайми, виплітають браслетки з гумочок і також продають у своєму колі, заробляючи собі кишенькові гроші. Діти моїх знайомих продають на OLX свої іграшки, якими вже не бавляться. А на виручені гроші купують собі нові.

Ще одне важливе правило, яке необхідно прищепити дітям — «спершу заплати собі». Простими словами: якщо отримуєш дохід, то частку грошей кладеш у скарбничку, а решту витрачаєш, як заманеться.

«Спершу заплати собі»—одне з найголовніших фундаментальних правил фінансової грамотності. Важливо перетворити його на звичку.

Наприклад, якось мій син подзвонив мені й каже: «Мамо, я йшов зі школи, зустрів свою хрещену, вона дала мені 50 гривень. Я 20 поклав у скарбничку, а на 30 іду в АТБ купити смачненького».

І дуже добре, якщо ваша дитина до такого звикне — заплатити собі в першу чергу — і притримуватиметься цього правила в дорослому житті. Адже на цьому правилі тримаються успіх накопичення грошових засобів, ефективне інвестування, реалізація фінансового плану і, як наслідок, досягнення всіх цілей.

ВІДДАВАТИ

Хочу навести приклад благодійного плану на рік від автора проєкту «Лабораторія Дитинства», психолога та батька Романа Голованова:

- Познайомитися з волонтерами, які годують безхатьків, та (мінімум двічі на рік) приєднатися до роздачі їжі.
- Обрати декількох дітей, які опинились у кризових обставинах життя, та приготувати для них подарунки на день народження.
- Визначити відсоток, який діти відкладатимуть з власних (кишенькових чи іншим шляхом отриманих) коштів, щоб до кінця року назбирати на різдвяні подарунки дітям, що цього потребують.

- Відвідати один чи декілька благодійних ярмарків. Або запропонувати лоти на продаж.
- Запропонувати друзям у своєму шкільному класі також долучитися до збирання подарунків.
- Відвідати притулок. Готуємо смачне печиво та спілкуємося декілька годин із дітьми, які дуже хочуть у сім'ю. А за можливості організовуємо свято з іграми, піснями та конкурсами.

Чому це може навчити наших дітей?

Дякувати за те, що мають. Деякі діти живуть у важких умовах і при цьому вчаться радіти життю навіть тоді, коли у домі земляна підлога. Усвідомлюючи це, наші діти вчаться бути вдячними за те, що вони мають.

Допомагати іншим. Навчитися помічати потребу, бути чуйним до інших, концентрувати увагу не тільки на самому собі. Вони вчаться дарувати тепло іншим та формують у власному характері риси милосердя.

Докладати зусилля та правильно будувати власне життя. Не все в нашому житті залежить від нас. Іноді ми бачимо, що складні умови, у яких перебувають інші діти, є результатом якихось обставин, які увірвалися та зіпсували все. Або ж навпаки, наслідком свідомого вибору.

СВІТОВІ СТАНДАРТИ ЗНАНЬ

Автор Telegram-каналу @fintato Іван Вишневський переклав українською Національні стандарти фінансової грамотності для школярів США. Що мають знати діти 9–10-річного віку про витрати та заощадження.

1. Багато чинників і досвідів, рольові моделі або тиск з боку однолітків впливають на схеми витрат.
2. План витрат (бюджет) допомагає людям зберігати баланс між коштами, що надходять (доходами), і коштами, що витрачаються (витратами).
3. Виписати чек, використати дебетову або кредитну картку, використати мобільний пристрій або готівку – все це способи витрачання коштів.
4. Заощаджувати кошти – це вибір на користь акумулювання коштів на непередбачувані випадки або майбутні цілі.
5. Люди зобов'язані сплачувати податки, за рахунок яких вони отримують державні послуги.

ФІШКИ-ЛІНКИ

Книжка «Як розповісти дітям про гроші» містить опис ігрових вправ для дітей різного віку. Ось вправа, яка мені особливо запам'яталася, для дітей від шести до восьми років.

> *Мета: пояснити принципи ціноутворення, необхідність заробляти гроші, а також випадки, коли не все купується та продається.*
>
> *Матеріали: ватман, клей, олівці, маркери, ножиці, старі журнали.*

Суть гри: запропонуйте дитині створити сімейний плакат із фразами, які побутують у вашій родині і мають ключове слово «гроші».

Складіть два списки:

—фрази про фінанси, що надихають: «ми можемо собі це дозволити», «це прекрасна ідея» та ін.

—фрази про фінанси, які відлякують гроші: «у нас немає грошей», «ми не можемо собі дозволити», «це занадто дорого».

Попрацюйте із другим списком, подумайте, як можна переформулювати. Наприклад, «ми не можемо собі це дозволити» перефразувати на «зараз ми вважаємо за краще витратити гроші інакше», «ми купимо це пізніше (наступного місяця)» або «щоб це купити, потрібно відкласти (заробити) ще таку суму».

Ті фрази, що сподобалися вам найбільше, оформіть на ватмані з ілюстраціями.

На YouTube є канал Future education. Він українською мовою, там всього кілька мультиків типу «Максимко купує в інтернет-магазині». Сподіваюсь, канал буде розвиватися.

На каналі Discovery була програма «How Stuff Works», там є відео «Цікаво про гроші». Воно у вільному доступі на YouTube.

Є відома серія мультиків «Азбука грошей від тітоньки Сови», перша серія називається «Що таке гроші».

Освіторія зібрала ігри[26], які введуть дитину шести-восьми років у світ фінансів. Це «Юний кухар», «Книжкова фабрика», «Фінансова піраміда», «Подружись з Гривнею», «Доміно "Гроші"».

Коли ця книжка вийде у світ 2020 року, вона матиме ровесницю: книжку «Котономіка, або Як коти економіку будува-

26 https://osvitoria.media/experience/finansova-gramotnist-5-igor-dlyapochatkovoyi-shkoly/

ли» відомого українського економіста, мого доброго знайомого Олексія Геращенка.

У харківському видавництві Vivat якісно переклали і видали із гарними ілюстраціями книжку Кіри Вермонд «Таємне життя грошей. Дитячий путівник світом готівки».

Фрази і запитання від Джолін Годфрі:

- Систематично відкладати з кожного доходу так само важливо, як чистити зуби.
- Твої мрії прекрасні. Як тільки ти поставиш собі цілі, заощадження — один зі способів досягати їх.
- Часом потрібна сміливість, щоб сказати «ні» друзям.
- Якби в тебе було 10 000 гривень на благодійність, кому ти їх віддала б і чому?
- Допоможи нам заощадити гроші на сімейну відпустку. Склади список з 5 ідей, як ми могли би свідомо витрачати.
- Мені подобається твоє управління бюджетом. Я гордий (горда) за тебе.

РОЗДІЛ 7

ПІДЛІТКИ. СЕПАРАЦІЯ

Я веду заняття з фінансів підприємства для підлітків у рамках програми MBA Kids. Ми починаємо говорити про доходи, витрати, прибуток, стартовий капітал. Іде важкувато. Відчуваю: ще кілька хвилин — і смартфони почнуть красти їхню увагу.

Тож дістаю домашню заготовку «YouTube-канал як бізнес». І тут з'являється жвавий інтерес!

Ми рахуємо вартість техніки для зйомок. В аудиторії знайшлося кілька блогерів-початківців, які активно діляться досвідом.

Ми говоримо про монтаж і час, необхідний для обробки відео. Складаємо рекламний бюджет. Аналізуємо, скільки заробляють топові канали для дитячої авдиторії в Україні. Дивимося, скільки YouTube платить за рекламу і яких показників має досягнути канал. Говоримо про можливі спонсорські контракти на прикладах ідей юних відеоблогерів.

Проводимо паралелі зі спортом, де багато заробляють тільки зірки. Адже YouTube-канал, як і заняття спортом, для більшості виявиться хобі або скромним джерелом заробітку.

У мене є власний досвід розвитку YouTube-каналу «Сімейний Бюджет», тож розмова дається легко. Я практик і знаю, як це працює. Діти таке відчувають.

Підлітки – найважчий вік для навчання від батьків. Це я чую постійно з розповідей старших друзів. Водночас ваш малюк вже дещо зрозумів про світ грошей і навчився рахувати. Коли у дитини формуються самостійні погляди та цілі, це прекрасна можливість для навчання на проєктах. Бо головне – це зацікавлення.

У тій же MBA Kids в рамках річної програми діти працюють над власним бізнес-проєктом, який завершується ярмарком товарів і послуг дитячих бізнесів на Олімпійському. Впевнений, що фінансовий результат (Profit&Loss) власного проєкту значно цікавіший, ніж визначення маржі і чистого прибутку на гіпотетичному виробництві.

Для глибшого розуміння подивіться TED-промову батька 12-річної доньки «Accomplishing Financial Well-Being...the Kids Way | Jason Jenkins»[27]. Батько – успішний інвестиційний менеджер у Каліфорнії, а в доньки проблеми з математикою. Як її навчити фінансам, підходу він не знаходив. Аж тут дівчинка зацікавилася виготовленням і продажем слайму...

Отже, якщо потрібно, то і зі слизом з'ясуємо :) Ви ж у темі?

27 https://www.youtube.com/watch?v=h1nqxvTzQiQ&feature=youtu.be

ВИТРАЧАТИ

Кишенькові гроші

Ваші діти досягають підліткового віку – ви продовжуєте збільшувати суму кишенькових грошей. Разом з тим передаєте все нові категорії витрат на самостійну купівлю. Наприклад, одяг і взуття. Купівлю техніки, включно зі смартфоном, я би теж віддав у дитячий бюджет з 13–14 років.

Не забуваймо, що в підлітковому віці дитина розширює свої джерела доходів. У молодшій школі це були «свої». А в підлітковому віці є можливість заробляти від третіх осіб.

Щодо екстравагантних рішень Бет Коблінер пише: «Якщо ваш син все ж наполягає на тому, щоб витратити піврічні заощадження на пару модних сонячних окулярів, не відмовляйте його. Дозвольте йому взяти відповідальність за наслідки свого рішення.

Синові потрібні гроші цього ж місяця, щоб поїхати із друзями на концерт? Не треба читати моралі, просто нагадайте про нещодавнє придбання. Важливо вчити дітей обмірковувати свої рішення та можливі компроміси».

Статистики навести не можу, але вірю, що помилки у бюджеті тринадцятирічного «коштуватимуть» удесятеро менше помилок двадцятитрилітнього. І удвадцятеро дешевше помилок тридцятитрилітнього.

Картка приходить на зміну готівці

У попередньому розділі я аргументував, чому дитячий бюджет варто почати з фізичних грошей. Однак картки мають багато своїх переваг і майбутнє за ними. 2019 року вперше в Україні безготівкові операції за картками перевищили операції отримання готівки.

Показовий експеримент «Розумне село» від ПриватБанку і Mastercard. У цьому селі встановили термінали для безготівкової оплати в магазинах, а також у шкільній їдальні. Картки дітей ще й прив'язали до пропускної системи школи, щоб батьки бачили, коли дитина прийшла і пішла. 90% дорослого населення села активно користується картками. Ймовірно, за 5–10 років вся Україна прийде до таких показників.

Для вас картки зручніше поповнювати, ніж давати готівку. І ви будете бачити, куди йдуть гроші. Тож варто навчити дитину користуватись платіжним картами після 10–12 років.

У кінці 2019 року піарник, бізнесмен, фізкультурник Володимир Дегтярьов на своїй сторінці у Facebook написав: «Увага, фінансове запитання. Пам'ятаю, колись чув про пропозицію банку – дитяча картка. З лімітами і можливістю батьків контролювати витрати. Чи є хтось із друзів, хто користується такими сервісами? Поділитесь досвідом? Дякую!».

Моя відповідь на його запитання.

1. ПриватБанк – мають картку Юніора, давно на ринку, багато користувачів.
2. Монобанк – нещодавно запустив дитячу картку.
3. Uplata – фінтех-новачок на ринку.

ПриватБанк Юніор – беззаперечний лідер ринку. Якщо ви клієнт ПриватБанку, то дитині віком від 6 до 17 років легко оформити картку. Це буде окремий рахунок, який ви бачите у Приват24. А в дитини буде відповідно свій мобільний додаток Приват24.

Окрім карток Юніор, у них є бізнес-школа, безкоштовні екскурсії до відділень ПриватБанку, всеукраїнська олімпіада «Фінансовий геній» і навіть YouTube-канал.

Монобанк – на січень 2020 року відомо тільки про плани. Але вірю, що за кілька місяців буде щось інноваційне. Тому авансом згадую їх у книжечці із вдячністю за зручний «дорослий» Монобанк)

Uplata – одесити порадували мене і не лише мене якісним нішевим фінтех-продуктом. Ось короткий огляд від Сергія Мікулова, автора блогу «Балади Економного Лицаря»:

- картка «заточена» тільки на безготівкові розрахунки та має PayPass (технологія безконтактних розрахунків);
- завести кошти на неї дуже легко, а зняти чи переказати – зась вам, комісії;
- є мобільний додаток Uplata (iOS та Android) і веб-портал, де можна бачити, куди що витрачено та інші деталі;
- карта відповідає державним регуляціям про електронні гроші та PCI DSS (іноземний стандарт безпеки).

Отже, рекомендую, щоб з підліткового віку у дитини з'явилася своя картка, а платежі поступово переходили у безготівковий формат.

Але без кредитних лімітів на дитячих картках!

Знайомство із бюджетом дорослих

Якщо ви читали мою першу книжку «Любов та бюджет», то пам'ятаєте мою рекомендацію раз на місяць проводити сімейну фінансову нараду в родині. Що вдалося втілити, доходи і витрати, скільки відклали, який прогрес до цілей, як діяти наступного місяця та ін.

Пропоную щонайменше двічі залучити до обговорення дитину. Показати, як ви ведете бюджет і як приймаєте фінансові рішення. Розповісти, що в дорослому житті у неї теж буде сімейний бюджет. Поділитися сімейними лайфхаками.

Розплющуємо очі на дитячий кошторис

Сергій Івагло – президент ДК Партнер. Його національний освітній проєкт – відкриття Клубів фінансової грамотності у школах. Кожен Клуб отримує примірники гри «Життєвий Капітал», у яку грають і учні, і вчителі, і батьки.

Пряма мова Сергія про особливості ігор «Життєвий Капітал» за участі підлітків:

У грі є поле «Народження дитини». 9 із 10 дітей негативно реагують на це поле. Це поле у грі, як і в житті, вимагає додаткових витрат.

Діти просять «не народжувати», «залишити Банку», «забути у пологовому». Чого тільки не наслухалися тренери за цей час...

Коли ми починаємо обговорювати з дітьми цю тему, то виявляється, що вони обурені «хибою» у нашій грі. Дітям здається, що за народження дитини сума на її утримання надто велика. Не як у житті, вважають діти. Для довідки: у нас закладена сума, що дорівнює 12–15% від активного доходу родини.

А як почали з'ясовувати, яку суму вкладають у них батьки в реальному житті, 80% дітей називають ... ТАДАААМ... суму кишенькових грошей, які ми, батьки, їм даємо. Діти вважають, що вони «коштують» 200–300 гривень на місяць.

Це причина багатьох прихованих конфліктів та образ у сім'ї. Особливо, коли батьки відмовляються купувати якусь «плюшку». «Скупердяги, вони мене не люблять, собі гуму зимову купили, а для мене шкода...».

Так думають діти. І як бути?

Ми зі свого досвіду радимо якось сісти з дитиною й порахувати її утримання на рік. Це одне із наших завдань після гри, щоб опрацювали вдома, з батьками.

Після цього у вашому домі може статися диво. У ньому може поменшати слів «дайте», «хочу», «купіть». Зате будуть інші слова: «ми можемо це собі дозволити, давайте сплануємо купівлю». Це підтверджують батьки, які разом із дітьми провели такий спільний підрахунок.

Найвдаліший час для таких обрахунків — після гри.

Там, у грі, дитина вперше почне рахувати бюджет і усвідомить ціну зароблених грошей.

Там, у грі, вона відчує, що таке утримання дитини.

Там, у грі, вона отримає мотивацію з'ясувати ці питання.

Разом у подорожі

Коли я вчився в школі, то у мене був лише один напрямок відпочинку на літніх канікулах — село. Дорога була нестерпно довгою. Нічний потяг, потім дві електрички. Сумарно 5–6 годин очікування на вокзалах. Останнім був дизельний потяг. Повільний і тьмяний, здавалось, він ніби приїжджав з минулого Австро-Угорської імперії у Тернопільську область. Ми сходили з нього на станції в іншому селі і потім йшли пішки до нашого ще три кілометри. Удачею було, якщо повз нас їхала бричка і підбирала нас із сумками. І так з року в рік, туди й назад.

Звісно, дідусь і бабуся дуже любили першого онука. Дідусь навчив мене уважно слухати і міг поговорити зі мною про економіку. Бабуся давала парне молоко і ліпила найсмачніші у світі вареники.

Та коли я в середній школі уперше в житті потрапив з мамою на море в Євпаторії, то запам'ятав ті десять днів на все життя. За всі мої шкільні роки я повноцінно був на морі всього лиш двічі. Для мене кожна та подорож – як експедиція Васко да Гами поза мис Доброї Надії.

Сподіваюсь, коли дитині дванадцять років і більше, у вашій родині вже існує традиція мінімум однієї на рік подорожі всією родиною.

Залучіть свого підлітка до планування бюджету подорожі. Покажіть, скільки коштують транспорт і проживання. Попросіть допомогти в аналізі цін на квитки. Якщо у вашому маршруті є переліт, поговоріть про ціноутворення на авіалініях і коли найвигідніше купувати. Розкажіть, які лайфхаки допомагають вам доцільно витрачати під час подорожі (раннє бронювання, онлайн-сайт кешбеку, снеки з дому...).

В ідеалі можливо знайти прийнятну для всіх формулу участі підлітка у фінансуванні сімейної поїздки. Можливо, це буде оплата 5% від всіх витрат на подорож з його заощаджень. Або інший цікавий варіант – оплата цікавих екскурсій для родини на місці.

Якщо у вас такої формули немає, теж ок :) Дозвольте собі бути не ідеально раціональними економічними агентами – і добре вам відпочити!

Переговори

Чотири роки я прожив біля метро «Осокорки» у Києві. Там щовечора торгували бабусі. Це була моя маленька традиція: вийти з метро і купити в них сезонні овочі, фрукти, горіхи, зелень чи квіти. Мені було соромно торгуватися з бабусями. Вони працюють на землі, щоб виростити продукт. А потім ще кілька годин у дорозі, щоб продати продукцію і заробити собі на життя. Єдиний лайфхак свідомого споживання, який я застосовував: просив їх «зважте на 30 гривень» замість «зважте кілограм». Інакше вони обов'язково зважать більше, часом значно більше, ніж потрібно :)

Після того, як ми переїхали жити в Ірпінь і пішли на місцевий базар, моє почуття сорому змінилось здивуванням від місцевих цін. По-перше, більшість торговців овочами і фруктами – професійні перекупники. А по-друге, ірпінські бабусі, вочевидь, підхопили вірус високих цін у перекупників. Тож я навчився у дружини торгуватись!

Визнаю: досі не прочитав книжку Дональда Трампа «The art of the deal». І не можу виокремити якусь одну якісну книжку про переговори щодо ціни, які варто прочитати з підлітком.

Та точно знаю, що ви можете показати приклад. Якщо ви на базарі в Туреччині чи Єгипті, то сам процес буде, як вистава в театрі. В Україні у вас буде менше можливостей, але впевнений, що знайдуться. Від купівлі огірків на базарі до ремонту квартири. Подолайте свій страх і навчіть підлітка кількох простих фраз: «Чи є у вас знижки?», «Чи може бути ціна меншою, якщо...», «Яка програма лояльності для постійних клієнтів...» та ін.

З мого досвіду: поза базаром на послуги легше отримати знижку, ніж на товари. Особливо на умовах повної передоплати. Я час від часу прошу знижки на навчальні курси. Квитки на освітні семінари і конференції майже завжди купую, як рання пташка (early bird).

Зауважу, однак, що з мого життєвого досвіду ціни на якісні товари та послуги від перевірених продавців не дешеві, а знижки дуже помірні.

Гра ФотоШопінг

У другій серії мультику «Простоквашино» дядя Федор пропонує ходити Шаріку на полювання з фоторушницею. Так він і себе реалізує, і «звірятка цілі».

Джолін Годфрі пропонує нам цікаву вправу «Квест». Вона допоможе дивитися на купівлі у торговому центрі свідоміше і зважати на ціну речей.

Створюються дві команди учасників, також є суддівський комітет з батьків. Кожній з команд дається 90 хвилин, щоб знайти речі для купівлі за списком та сфотографувати їх. За кожну річ у списку визначена кількість балів, наприклад:

- корисна річ для авіаподорожей (10);
- корисні речі, які придатні, щоб узяти на фестиваль музики (10);
- будильник (5);
- іграшка для кота чи собаки (5);
- подарунок вчителю зі школи (5);
- щось для схуднення (5);
- корисна річ для пікніка просто неба на 4 особи (10);
- подарунок другу-вегану (15).

Ціль команди – зібрати фотокошик купленого за визначеним скромним бюджетом, наприклад 2000 гривень. Команди мають з'явитися у визначений час в умовленому місці, за кожну хвилину запізнення нараховується один штрафний бал. Коли команди з'явились, кожна з них презентує купівлі і пояснює свою логіку.

Судді оцінюють, наскільки кожна з фотокупівель відповідає зазначеній зі списку цілі, й виставляють бали. Гру можна час від

часу повторювати, а також вводити сезонні купівлі, тематичні списки, організовувати річний турнір тощо.

ВІДКЛАДАТИ

Соціальна група

Ми з дружиною були на семінарі психолога Романа Голованова про всебічний розвиток дитини. Там ішлося про інтелектуальний, емоційний, фізичний, соціальний, духовний розвиток.

Дуже запам'яталася фраза, що підлітку життєво необхідна належність до соціальної групи однолітків. І ті будуть сильно впливати на його поведінку.

Роман провів цікаву аналогію, що рибку з акваріума ніби випустили в озеро. А далі буде ще доросле море. Тож щоб рибка в озері не набралася поганого, рекомендації Романа такі:

- знайдіть соціальну групу (школа, гурток, спорт, церква...), куди вашу дитину прийняли би як члена групи;
- познайомтесь із друзями вашої дитини і заохочуйте, щоб їх запрошували до вас додому;
- говоріть з вашими дітьми про їхніх друзів.

Кінотеатр

Продовжуючи тему друзів, запросіть друзів дітей і навіть їхніх батьків, подивися один з відомих фільмів, де є «фінансові нотки».

Художні: «Baby Mama», «It's a wonderful life», «The Big short», «Boiler Room», «Moneyball», «Margin Call».

Документальні: «Maxed out», «Capital C», «Freakonomics», «Becoming Warren Buffett», «Startup.com».

Проведіть після фільму дискусію з такими запитаннями:

- що вам сподобалось у фільмі? як ви почувалися, коли..?
- як гроші впливають на життя головних героїв?
- як вони ставляться до грошей?
- чому ми навчилися у питанні заробітку-витрачання і що можемо застосувати в нашому житті?

Життєвий Капітал

«Життєвий Капітал» – українська розробка на базі всесвітньо відомої «Кеш Флоу». Щонайменше ви відпрацюєте і закріпите навик відкладати 10% з кожного доходу. За правилами, без виконання цієї умови на коло Фінансової свободи ніяк не вийдеш.

У гру «Життєвий Капітал» грають у багатьох школах і вишах країни. Щоб зрозуміти масштаб, процитую новину із офіційного сайту НБУ:

> *17 березня 2018 року у Національному банку пройшла фінансова гра-симулятор «Життєвий капітал», яка є українським аналогом гри «Кеш Флоу», серед студентів київських вищих навчальних закладів. Одночасно за 14 столами зібралося понад 120 представників активної молоді. Учасники не просто цікаво провели цей день, але й здобули практичні навички, необхідні для прийняття фінансових рішень у реальному житті.*

Тож якщо ви досі не мали такого досвіду, запрошуйте ведучих у свою школу! Я мрію, щоб у кожній ірпінській школі був Клуб фінансової грамотності.

Депозити, банки й історії

Ви вже знаєте, що повчальна історія краща за теоретичні економічні концепції. Спробуємо проілюструвати це на прикладі банку.

Вікіпедія каже: «Ба́нк (від італ. banco – лавка або стіл) – це кредитно-фінансова установа, яка здійснює грошові розрахунки, акумулює грошові кошти та інші цінності, надає кредити та здійснює інші послуги за фінансовими операціями».

Шкільний підручник з фінансової грамотності для учнів 10–11 класів додає: «Комерційні банки відіграють важливу роль у фінансовій системі. Якщо спробувати описати роль банків одним реченням, то це можна зробити так: банки переспрямовують кошти від тих, хто їх має і хоче примножити, до тих, хто потребує коштів для задоволення своїх потреб і готовий сплачувати за користування "чужими грошима"».

До теоретичних визначень варто додати два епізоди.

Перший епізод: історія виникнення банків за книжкою Тіма Гарфорда «Речі, що змінили світ. Історія економіки в 50 винаходах».

У Лондоні є церква Темпл, освячена 1185 року як осередок лицарського храмового ордену — тамплієрів. Це не тільки архітектурна пам'ятка, а й перша банківська установа.

Тамплієри присвятили своє життя захистові християнських прочан, що прямували до Єрусалима. У паломників під час подорожі виникали такі потреби: треба оплачувати їжу, транспорт та житло. Небезпечно було брати із собою велику суму грошей, щоб не стати мішенню грабіжників. Тамплієри пропонували залишити свої гроші в Лондоні, а отримати в Єрусалимі за листом, виданим у столиці Королівства. Орден позбувся свого впливу після втрати Єрусалима, і 1312 року був розпущений. Однак банківські послуги розвивались і далі.

Якби ви побували на ліонському ярмарок 1555 року, то побачили б там купця-італійця. Він нічого не продавав і не купував. Сидів за столом з дня в день, а коли підходили інші купці, виписував їм якісь папірці. В очах місцевих жителів це виглядало підозріло, проте він займався цілком законною діяльністю — продавав і купував боргові розписки.

Припустимо, торговець із Ліона хотів придбати флорентійську вовну. Він тоді йшов до банкіра на ярмарок і позичав у нього гроші у формі перевізного векселя. Потім їхав до Флоренції, показував місцевим банкірам вексель і отримував гроші для розрахунку за товар. Завдяки мережі банкірів міжнародна торгівля процвітала. Адже можна було не просто обміняти одну валюту на іншу, а перевести гроші в іншу країну.

Другий епізод: домовитись з вашим родичем / знайомим у банку і сходити в банківське відділення на екскурсію з дитиною. Поясніть, які вигоди від зберігання грошей у банку порівняно з «матрацом». Покажіть, як оформляють операції, які продукти банк пропонує. Розкажіть про ризики депозитів і фонд гарантування вкладів фізичних осіб.

Інвестиції

Багато моїх клієнтів мають рахунки в американського брокера Interactive Brokers. Там же можна відкрити демо рахунок для навчання купівлі/продажу за віртуальні гроші. Та один мій клієнт вирішив, що віртуальні гроші можуть спотворити процес прийняття рішень і запитав, як сину-підлітку купити справжні акції американських компаній.

Юридично повноцінний рахунок на підлітка відкрити неможливо. Та ми знайшли рішення. Це субрахунок до основного рахунку клієнта з окремими логіном і паролем. Син там зможе здійснювати транзакції самостійно: наприклад, купити акцій Apple, Google чи Facebook. Стартовий капітал 1000 доларів. На момент написання книжки ще рано говорити про фінансові результати цього експерименту. Ми починали цей розділ із зацікавлення – і не помилилися в його наявності!

Розкажіть дитині, як відкладаєте на освіту. Чи на велику купівлю. На будь-яку ціль – більше одного року.

Де вчать фінансовій грамоті

У державній середній освіті нарешті визнали, що фінансова грамотність потрібна всім школярам! Навчальний посібник

«Фінансова грамотність. Фінанси. Що? Чому? Як?» та робочий зошит спільно розробили практики Міністерства освіти, проєкту USAID «Трансформація фінансового сектору» та Університету банківської справи. Я його почитав і порадів. Це гігантський крок вперед. Залишилось ще вчителів навчити викладати цей предмет.

У більшості приватних шкіл вже давно є уроки чи факультативи фінансової грамотності. Я навіть придбав собі доступ до кейсів на платформі ua.edufuture.biz, щоб подивитися, як це втілено у ліцеї «Гранд». Чув від батьків про цікаві методики у школі «Афіни» та КМДШ.

Однак не беруся оглядати приватні школи, оскільки це часто авторські методики. Натомість краще розповім вам про відкриті позашкільні програми навчання підприємництву та персональному бюджету.

«Азбука денег» (Київ, Харків, Дніпро, Чернівці). Найбільші відомі мені в Україні курси фінансової грамотності. Є три ступені навчання для вікових груп 6–8, 9–12, 13–15 років. Тривалість одного курсу – 12 занять (3 місяці).

MBA Kids. Допомагають дітям і підліткам натренувати свої soft skills, опанувати hard skills і пройти унікальний шлях саморозвитку у сфері підприємництва. Річна програма є для дітей різного віку. Це 30 субот по півдня з вересня до травня.

У рамках річної програми, до якої я залучався як викладач, є уроки про фінанси бізнесу та персональні. Дуже рекомендую інтерв'ю із батьком чотирьох синів, співзасновником MBA Kids, Миколою Дориченком, на YouTube-каналі «Сімейний Бюджет».

Savvy Nation. Десь років чотири тому я ходив виставкою франшиз і, уявіть моє здивування, побачив франшизу школи фінансової грамотності. Франшиза, здається, не є популярною, але компанія успішно працює і розвивається у місті Рівне.

Серед тренінгових курсів є «Фінансова грамотність». Це 12 занять для дітей віком від восьми до п'ятнадцяти років. У курс входить чотиригодинна гра «Кеш Флоу. Щурячі перегони».

Також Savvy Nation активно проводить дитячі літні табори.

ВІДДАВАТИ

Цілі сталого розвитку і колективна відповідальність

Розкажіть про 17 Цілей сталого розвитку ООН.

Найбільшою організацією в світі, що об'єднує відповідальні бізнеси навколо досягнення Цілей сталого розвитку, є Глобальний договір ООН. Компанії, що приєднуються до цієї організації, щороку звітують про свій прогрес щодо дотримання прав людей, захисту навколишнього середовища та етичного ведення бізнесу.

Оберіть «Подолання бідності» та «Економічне зростання», наведіть приклади завдань у рамках цих цілей. Якщо вам самим потрібно побільше інформації, то ви її знайдете на сайті sdg.org.ua.

Навіть якщо ви досі не знаєте, хто така Ґрета Тунберг і що таке «Fridays For Future», ймовірно, ваші підлітки вже знайомі з її діяльністю.

До речі, на днях ООН запустила мобільну гру на захист клімату планети Mission 1.5. Ви ж пограєте із дітьми, правда?

Корпоративна соціальна відповідальність

Поговоріть, чи бізнес має на меті лиш отримання прибутку? Які ще є зацікавлені сторони в компанії, окрім акціонерів, і які їхні інтереси?

Оберіть кейс із відомого і близького вашій родині бізнесу. Розкажіть дитині, чому так відбувається. В ідеалі, звісно, коли є ваша безпосередня участь разом із дитиною. Наприклад, у «Делойт» в Україні щороку відбувається благодійний ярмарок в рамках всеукраїнського флешмобу «День лимонаду» благодійного фонду «Таблеточки». Співробітники та їхні діти готують і продають лимонади й смаколики в обмін на благодійні внески. Кошти потім передають у БФ «Таблеточки».

Також ви просто можете взяти соціальний звіт знайомої компанії. Наприклад, компанія «Нова Пошта» з 2016 щороку публікує такий звіт у себе на сайті. Скачайте їхній Звіт із сталого розвитку[28] і подискутуйте, чому компанія фінансує благодійні та соціальні проєкти. Проаналізуйте один проєкт — Гуманітарна пошта України чи Підтримка книгочитання. Розкажіть, чому компанія витрачає свої ресурси на нього.

Волонтерство

Час — це гроші. Тож робота волонтером — не тільки приналежність до прогресивної соціальної групи, а й розвиток вміння віддавати.

Можливо, ваша дитина вже переймається захистом тварин чи зміною клімату. Тож вам буде легко підтримати ініціативи. Якщо уподобань немає, розкажіть їй про національні громадські організації та локальні — вашого міста. Основні критерії вибору: репутація, реалізовані проєкти, наявність можливостей допомагати для підлітків.

Внизу наведено невичерпний перелік. Я просто зібрав організації, про які знаю щось позитивне. Упевнений, що багато читачів книжки зможуть доповнити цей список, особливо ініціативами вашого міста.

- Happy Paw — благодійний фонд, який опікується долею безпритульних котиків і песиків.

28 https://novaposhta.ua/uploads/misc/doc/NOVA_POSHTA_CSR_report_2018.pdf

- Таблеточки – благодійний фонд, який захищає інтереси онкохворих дітей в Україні.
- Давай допоможемо – міжнародний благодійний фонд, що допомагає самотнім літнім людям у 143 геріатричних пансіонатах (будинки для літніх людей).
- Освіторія – неприбуткова громадська спілка, яка допомагає змінювати і розвивати освіту в Україні. У них є проєкт професійного навчання дітей-сиріт «Перша професія».
- Україна без сміття – системні можливості для українців сортувати свої побутові відходи і тим самим зменшувати негативний вплив на навколишнє середовище.
- Зробимо Україну чистою! – всеукраїнська екологічна громадська організація.
- Про.Світ – центр інноваційної освіти, який об'єднує експертів освітньої галузі. У них також є краудфандингова платформа GoFundEd для проєктів вчителів.

Благодійне кафе

Разом з друзями чи батьками однокласників домовляєтесь про недільний обід для дітей. За участь в обіді діти заплатять, припустимо, 150 чи 270 гривень. Виготовте коробку, у якій внески будуть на видному місці. Окрім їжі, до обіду ви готуєте постери з описом 3–5 благодійних організацій різних напрямків роботи.

Приготуйте просту їжу, щоб був фокус на командній роботі. Створіть 2–4 команди дітей і попросіть в команді не просто обрати громадську організацію (до 15 хв.), а презентувати свою пропозицію іншим командам (до 5 хв.). Після всіх презентацій проведіть таємне голосування і оберіть простою більшістю організацію, яка отримає гроші з коробки. Це ще не все :)

Дайте командам такі домашні завдання:

- надіслати кошти обраній благодійній організації через банк, вислати іншим командам квитанцію;
- отримати згодом звіт про витрачені кошти або зворотній зв'язок;
- домовитись про час і місце наступного благодійного кафе через місяць чи квартал;
- запросити до благодійного кафе представника громадської організації, яка вже отримувала кошти, зібрані під час обіду, і попросити зробити невеличку доповідь.

СВІТОВІ СТАНДАРТИ ЗНАНЬ

Національні стандарти фінансової грамотності для школярів США з Telegram-каналу @fintato Івана Вишневського.

Що мають знати діти тринадцяти–чотирнадцятирічного віку:

1. План витрат – це основа для прийняття рішення про використання доходів для виконання поточних зобов'язань або реалізації майбутніх цілей.
2. Поведінка та звички, пов'язані з витратами, впливають на особисте задоволення.
3. Люди виконують рутинні, часто щоденні, завдання для управління своїми коштами.
4. Деякі методи оплати є дорожчими за інші.
5. Кожне рішення на користь заощадження або витрати має альтернативну цінність.

6. Інфляція зменшує купівельну спроможність грошей з плином часу.
7. Заощадження на непередбачувані випадки допоможуть уникнути боргів.
8. Податки впливають на наявні доходи та загальну вартість багатьох купівель.

Що мають знати діти сімнадцяти-вісімнадцятирічного віку:

1. Багатство складається з накопичених активів, які становлять собою позитивний власний капітал.
2. Деякі витрати, як-от проценти з іпотеки або благодійні внески, дають право на податкову знижку.
   (примітка автора «LOL, не всі дорослі про це знають!»)

ФІШКИ-ЛІНКИ

Той самий Іван Вишневський порекомендував почитати нову книжку Сергія та Наталії Щербакових «Бізнесмаги. Батл на мільйон» дітям від 10 до 14 років. Анотація книжки:

> *Максим, який ще рік тому мріяв про чарівну паличку, а тепер заснував школу комп'ютерної грамотності для бабусь і дідусів, раптом опиняється в центрі уваги всієї школи. Запустити вірус у комп'ютер вчительки Історії? Без проблем!*
>
> *Але, виявляється, проблеми тільки починаються! Краща подружка підтримує запеклого ворога, до юного бізнесмага з'являється податкова, а прибуток від уроків із бабусями доводиться*

витрачати на організацію батла на мільйон! І як одночасно виконувати уроки, вести акаунт Instagram і канал на Youtube?

Мама чотирьох дітей Наталія Ємченко розповідає у Facebook, що ділиться доступом з дітьми у свій аккаунт на сервісах для читання електронних книжок. Це не тільки економія сімейних коштів, а й можливість обмінюватися рекомендаціями книжок. Та й поговорити є про що, окрім погоди. Прекрасна практика, щоб її запровадити для своїх дітей!

Фільми і мультики

У такому віці ваш вибір широкий, стежте лише за віковими обмеженнями. G, PG годяться для сімейного перегляду. PG 13 – не рекомендовано дітям віком до тринадцяти років. R (restricted) – дозволяється перегляд лише у присутності дорослого.

Документальний фільм «Becoming Warren Buffett». Душевна стрічка про життя, принципи інвестування й методи бізнесу найвідомішого інвестора світу. Рекомендую для останнього класу школи. Якщо ви з дитиною знаєте/вчите англійську, то, звісно, цей та інші фільми краще дивитися мовою оригіналу.

«The Pursuit of Happiness» – американський фільм 2006 року про Кріса Гарднера, який пройшов шлях від бідного продавця до біржового брокера. Сценарій заснований на реальних подіях. На мою думку, це одна з найкращих ролей Вілла Сміта. У фільмі він каже сину: «Якщо у тебе є мрія, ти маєш захистити її. Люди, які самі не можуть нічого зробити, казатимуть, що тобі це не під силу. Хочеш чогось? Іди і досягни цього». Я рекомендую цей фільм усім, але насамперед батьку і сину.

Коли я попросив рекомендацій «фінансових» фільмів для підлітків у Facebook-френдів, окрім інших, мені порадили мультфільм «Klaus» з коментарем: «Там хлопець-мажор не хотів працювати і жив за рахунок батька. Але батько — молодець, вчасно зорієнтувався». Мультфільм зовсім не злий і не такий фундаментальний, як попередні фільми. Тож рекомендую для балансу і гарного настрою :)

YouTube

YouTube-каналів є багато, і чого там тільки діти не надивляться! Звісно, Всесвітня організація охорони здоров'я дає такі рекомендації для дітей віком від п'яти до сімнадцяти років:

- Фізична активність від помірної до високої (потрібно докласти зусиль, після такого навантаження частішають дихання і серцебиття) інтенсивності не менше 60 хвилин на день. Велика частка активності має припадати на аеробіку. Тричі (як мінімум) на тиждень потрібно виконувати вправи на зміцнення скелетно-м'язових тканин.
- Час перед екраном: дві години на добу.

Але хто їх дотримується, якщо тільки на комп'ютерні ігри може піти дві години на день? А навчання деінде вже йде на планшетах. Еге ж, ми про YouTube-канали.

«Це Бізнес Крихітка» — канал із вдалим розважально-пізнавальним контентом. Експерименти, конкурс книгочитання серед підписників та ін.

2017 року вийшов цікавий сюжет у ТСН про заробітки підлітків «Українські школярі знайшли спосіб заробити за літні канікули тисячі гривень».

2019 року в журналі «Новое Время» вийшла стаття Ірини Крикуненко «Ділові та ранні. Українські тінейджери рано починають доросле життя. Половина підлітків заробляють перші серйозні гроші ще до свого повноліття.»

Ігри Кеш Флоу

Розповідає Яна Федоряка – тренер фінансової грамотності для дітей:

Ми у Школі фінансової грамотності для дітей «Азбука денег» часто проводимо гру – тренажер Кеш Флоу для підлітків. Як не дивно, вони швидше виходять на велике коло, ніж дорослі. І хоч багато хто прагне просто заробити мільйони і дозволяти собі нескінченну кількість разів ставати на поле «давай потратимся», деякі гравці все-таки розуміють справжню цінність цієї гри.

Зараз у нас на курсах навчається Ігор, йому дванадцять. У Кеш Флоу він грав у свій день народження разом з друзями. За кілька місяців його мама зателефонувала мені зі словами: «Коли у вас початок нового набору, а то мій Ігор вже тривалий час шукає способи накопичення пасивного доходу для підлітків».

Не вперше бачу, коли одна гра змінює ставлення до грошей та заохочує до пошуку в правильному напрямку. Впевнена, що, здобувши інформацію про пасивний дохід на курсах, він зможе отримати його і в житті.

РОЗДІЛ 8

МОЛОДІ ДОРОСЛІ. НІКОЛИ НЕ ПІЗНО

Коли вашим дітям 19–25 років, ви побачите перші плоди фінансового виховання. Фінальні рішення вже не за вами. Та допомагати своїм дітям ступати свідомо фінансовими кроками завжди актуально.

Розповідає Сергій Мікулов, автор блогу «Балади економного лицаря», партнер iPlan.ua.

Коли Анні було дванадцять років, у неї почали накопичуватися досить великі гроші від подарунків. Я, як фінансист, не зміг спостерігати, що вони «не працюють», тож розповів дочці про депозит. Як про банк, який заробляє на грошах та згодний ділитися часткою з ними.

Відтоді усі грошові подарунки від бабусь та дідусів чекали своєї долі бути витраченими на якісь «дівчачі» забаганки на окремому депозиті. Щоправда, батьковому. У банку.

Коли Аня вступила до КПІ, ми переїхали з Києва до іншого міста, тому її фінансова автономія настала майже автоматично. Але планування потрібно було вдосконалювати, бо грошей, які начебто й були, все одно на місяць не вистачало.

Тому ми обговорили та порахували, які саме витрати щомісяця вона стабільно має (їжа, гуртожиток, транспорт, телефон, побутові витрати, витрати на навчання), які витрати трапляються десь раз на два місяці (косметичні послуги, одяг, подарунки друзям) та які великі витрати вона має узгоджувати з нами додатково (подорожі, дорога техніка або одяг).

Потім відкрили дочці депозитний та картковий рахунки в банку, навчили користуватись інтернет-банкінгом.

Щомісяця я поповнював їй депозит на загальну суму стабільних (100%) + рідших (50%) витрат, а вона щотижня списувала з нього 1/4 частину.

Після КПІ Анна поїхала «подивитись світ». Три роки вона навчалася у Німеччині. У вільний час працювала Au pair та у сфері кейтерингу, тому її бюджет суттєво зріс. Допомога батьків стала радше моральною, ніж фінансовою. Ба більше, Анна заощадила майже половину тих грошей, які було витрачено нами на її навчання та перебування за кордоном.

Вона повернулась в Україну рік тому, і зараз, у свої двадцять шість, вона володіє двома іноземними мовами, готує дітей до навчання в Німеччині, захоплюється графічним дизайном, часто мандрує та є фінансово незалежною.

За звичкою, з фінансових питань вона завжди консультується зі своїм «сімейним фінансовим радником». Та користується прийнятною для неї схемою: «депозит для бюджету на місяць — картка для життя на тиждень» :)

ВИТРАЧАТИ

Знай себе

Поведінкова економіка останні роки в тренді. Дослідники у цій сфері отримали кілька Нобелівських премій. Однак критики вказують на те, що вона порушує проблеми, та не пропонує способи їх вирішення. І справді, мені довелося розумово «попітніти», щоб знайти для вас хоч кілька практичних порад.

В Одіссеї сирени на острові зваблювали божественним голосом. Мореплавці, почувши спів сирен, забували про все на світі, не могли кермувати кораблем, підпливали до чарівного острова й гинули. Одіссей, пропливаючи повз той острів, заліпив вуха своїм супутникам воском, а себе наказав прив'язати до щогли. Так він став першою людиною, яка почула спів сирен і залишилася живою. Техніка переборювання імпульсивних бажань так і називається – контракт Одіссея.

Наприклад, щоб обмежити необдумані покупки в торговельному центрі, можна взяти тільки готівку. Якщо картка, то тільки дебетова.

Складіть сценарії «якщо – тоді». Наприклад, щоб не споживати фастфуд, я завжди ношу з собою яблуко чи горішки.

Ментальний облік – заощадження окремо для різних цілей та візуальне маркування кожного рахунку грошей, в ідеалі із візуальною картинкою. Так і назвіть банківський рахунок: «Будинок мрії» чи «На море».

Насолода від усвідомленого споживання. 2003 року дослідники з Гарварду[29] порівняли дві групи людей. У першій люди просто з'їдали шоколадку. У другій повільно її розгортали,

29 Vohs, J., Y. Wang, F. Gino, and M. I. Norton. «Rituals Enhance Consumption».

розламували на шматочки і смакували. За результатами опитування у другій групі готові були заплатити за той самий продукт більше.

Нагороджуйте себе за перемоги. Ми запрограмовані відповідати на миттєве задоволення. Коли ви досягаєте цілі щомісячного заощадження, направте часточку цих заощаджень – скажімо, до 10% – на розваги, що дарують вам емоції.

Національний Банк України – ваш друг

НБУ затвердив 2019 року Стратегію фінансової грамотності в Україні. Є багато скептиків щодо діяльності державних установ та їхніх стратегічних талмудів. Однак саме НБУ останні п'ять років показує приклад роботи ефективного регулятора. Тож я щиро вірю, що будуть дієві кроки.

Серед п'яти пріоритетів програми є фокус на молодь віком від десяти до двадцяти чотирьох років. Це агенти змін, які на-

Зміна підходів у навчанні та комунікаціях

Тексти	›	Зображення
Сидіти та слухати	›	Випробовувати самому
Вчитель	›	Куратор, наставник
Потреба у стабільній роботі	›	Гнучкість
Давати розпорядження	›	Співпрацювати
Орієнтація на програму навчання	›	Орієнтація на учня
Заучування інформації	›	Розуміння, де шукати інформацію
Книжки та бібліотеки	›	Девайси та Інтернет

вчать своїх друзів, батьків, бабусь і дідусів фінансових знань та навичок. Слайд про нове покоління із презентації стратегії:

Серед заходів і проєктів за підтримки НБУ я хотів би виокремити такі:

Global Money Week – світовий тиждень грошей, який активно проводиться і в Україні. Традиційно відбувається в кінці березня. Запропонуйте дитині взяти участь в одному із заходів чи навіть організуйте свій. Це лекції, воркшопи, квести, екскурсії до музеїв і банків, конкурси тощо.

NBU University Challenge – всеукраїнське студентське змагання. Якщо ваша дитина цікавиться темами економіки і фінансів, запропонуйте їй сформувати команду і взяти участь. 2019 року переможці побували на мотиваційному сніданку з топ-менеджментом НБУ.

Економічний експрес – регіональні дні фінансової обізнаності. Подивіться розклад, коли вони будуть у вашому місті, і приходьте всією родиною.

Я теж регулярно виступаю з безкоштовними лекціями в Могилянці та УКУ. У планах додати семінари для студентів у Харкові, Одесі та Дніпрі. У Могилянці проводжу авторський семінар вже четвертий рік поспіль. Є кілька історій, де фінансове життя учасника змінювалося після усвідомлення важливості фінансового плану і заощаджень. Мені пишуть: «Дякую, після семінару я почала вести записи витрат...».

Мобільний додаток у подарунок

Наявність записів дисциплінує, допомагає планувати і зменшує кількість бездумних емоційних трат. Як ви можете стимулювати дитину?

Хай як ви любите Excel-таблиці, сучасна молодь якщо і готова вести бюджет, то тільки у смартфоні.

Якщо малюк готовий вести бюджет, запропонуйте оплатити річну підписку. Програми домашньої бухгалтерії зазвичай коштують 40–60 доларів на рік. У повній версії буде більше функцій і синхронізація з банками. Тож, оплативши програму, ви підвищите шанси того, що бюджет не закинуть у перший місяць.

Якщо ваша дитина навчається в Україні, то корисними їй будуть додатки Toshl Finance, CoinKeeper, Spendee, Zenmoney, Money Pro, Lean.

Сплануй подорожі

У класичній Монополії потрібно акумулювати активи (готелі, компанії, нерухомість). Виграє той, у кого найбільше грошей на кінець гри. Компанія Hasbro нещодавно випустила Монополію для міленіалів. Активи вже не важливі, ціль гри – збирати враження (диван друга, веганське бістро, йога-тур). За враження даються бали, виграє той, у кого найбільше балів.

Я бачу по своїх клієнтах, як IT-спеціалісти у віці 25–30 років активно подорожують, і часто це величезна стаття їхніх витрат. Тож пропоную прийняти бажання наступних поколінь побачити світ. І показати вигоди від скромних потреб і процесу планування на прикладі вартості подорожей.

Агрегатор квитків Skyscanner, Telegram-канали @tripmydream і @studtravel, сайти житла AirbnB або Couchsurfing[30]. Ймовірно, ваш студент чи ваша студентка краще за вас буде знати такі сервіси. Та чому б вам не взяти участь у плануванні кількох подорожей і не допомогти скласти бюджет?

30 Щодо нього є питання безпеки, тому на мою думку варто його розглядати тільки для розвинутих країн.

Приверніть увагу до питань безпеки і страхування. На мою думку, не варто оплачувати повністю чи частково самостійні подорожі молодого дорослого: щоб у нього були стимули самостійно заробляти. Однак можна оплатити медичне страхування, якщо ви отримали обіцянку дотримуватися базових правил безпеки.

Ще пропоную вам розповісти, скільки дивовижних прекрасних місць для подорожей є у нас в Україні. У цьому вам допоможуть сайт «Мандруй Україною»[31] та YouTube-канал Ukraïner[32].

Кредити

У книжках західних авторів з дитячої фінансової грамотності кредитам приділяють дуже багато уваги. У США вирує кредитна епідемія. У третьому кварталі 2019 року борги громадян за кредитками перейшли позначку 1 трильйону доларів. Ще складніше з боргами за навчання (student loans). Їхній рівень у третьому кварталі 2019 року вкотре побив історичний рекорд — 1,5 трильйона доларів.

В Україні вірус споживання в кредит вражає насамперед людей зі слабким фінансовим імунітетом. Це часто люди з низькими доходами, із залежностями, без бажання займатись фінансовою самоосвітою.

Споживчі кредити в Україні, як і в усьому світі, надто дорогі. Це фінансова наркоманія, яка критично небезпечна для емоційних людей. Одна з причин бідності. Це гирі на ногах на шляху до фінансової свободи.

Фінансові установи будуть активно «впарювати» кредитні ліміти молодому дорослому, адже за споживчими кредитами

31 https://ua.discover.net.ua/

32 https://ukrainer.net/expedition/

найбільші ставки. Ви ж запропонуйте обнулити кредитний ліміт на популярних картках. Це можливо і на Універсальній картці ПриватБанку, і на картці Монобанку. Якщо на окремій картці це неможливо, то нею взагалі не варто користуватися.

Коли міцно стоїш на ногах, ОДНУ картку з пільговим кредитним лімітом на родину можна розглядати як елемент управління ліквідністю. І тільки для дисциплінованих людей. Наприклад, у нас в родині є з десяток карток у чотирьох різних банках, два спільні сімейні рахунки. Тільки на одній, на моє ім'я, є кредитний ліміт, яким я користуюсь в особливих випадках.

Кредит на розвиток бізнесу – інша історія, його можна використовувати, якщо є розуміння, як потім віддавати.

Зауважте: якщо вам продають щось у розстрочку із нульовим відсотком, то вартість грошей зазвичай закладена у ціну товару. Стосується і побутової техніки, і автівок, і квартир.

Станом на січень 2020 року іпотека під 19% річних плюс різноманітні приховані платежі банкам створюють космічні переплати до вартості квартири. Якби були прозорі кредити під 3–4%, як у Канаді, то, звісно, можна було б ними користуватися. Прем'єр-міністр України Олексій Гончарук[33] сказав: «Іпотека під 10% – це одна з наших головних задач». Якщо це дійсно станеться, то, звісно, під 10% на 10 років молода родина може розглядати такий кредит як опцію.

До речі, на сайті «Сімейний Бюджет» є стаття про фінансування купівлі першої квартири для молодої сім'ї і фінансова модель інвестицій у квартири.

33 Станом на січень 2020 року.

ВІДКЛАДАТИ

Подушка безпеки. Резервний фонд

На пострадянському просторі є вислів «на чорний день». А англійці кажуть «for a rainy day». Та мені не подобається негативна конотація для грошей резервного фонду. Адже резерв дає почуття психологічного комфорту і захищає від форс-мажорів.

Звісно, кошти знадобляться при ДТП чи медичних витратах. Але за потреби людина може їх використати на пошук кращої роботи, на переїзд, на курси підвищення кваліфікації. Ці гроші дають свободу маневру.

Для родин з дітьми рекомендовано півроку покриття витрат. Тобто якщо сім'я нормально проживе на 1500 доларів на місяць, то необхідний резервний фонд 9000 доларів. Для молодої людини без сім'ї можна починати з трьох місяців.

У США у 28% опитаних 2019 року взагалі не було резервного фонду. В Україні ще гірша статистика.

Поговоріть із сином/донькою, навіщо ці кошти потрібні. Розкажіть історію, як такі гроші врятували когось з близьких із їхніх проблем чи дали свободу вибору за зміни життєвої ситуації.

Зауважте, що я не рекомендую вам фінансово брати участь у формуванні подушки. Це відповідальність молодого дорослого.

Відклади завтра більше

Save more tomorrow (відклади завтра більше) – популярна техніка із поведінкової економіки. Її запропонували нобелівські лауреати Річард Талер та Шломо Бенарці. Суть у пропорційному збільшенні заощаджень із підвищенням рівня доходів.

Наприклад, студентка почала працювати, і її місячний дохід 10 000 гривень. Вона здатна відкладати 5% від свого доходу, тобто 500 гривень щомісяця. Отримуючи такий дохід, студентка вирішує, що за збільшення доходів готова відкладати більше, 10% від наступного підвищення, 20% від другого і 50% від третього і т. ін.

За два роки їй вдається збільшити свій дохід до 20 000 гривень. Рівень заощаджень = 10 000 × 5% + (20 000 – 10 000) × 10% = 1 500 гривень або 7,5%.

За п'ять років дохід зріс до 50 000 гривень на місяць. Рівень заощаджень = 10 000 × 5% + (20 000 –10 000) × 10% + (50 000 – 20 000) × 20% = 7500 гривень або 15%.

За десять років дохід зріс до 100 000 гривень на місяць. Рівень заощаджень = 10 000 × 5% + (20 000 –10 000) × 10% + (50 000 – 20 000) × 20% + (100 000 – 50 000) × 50% = 32 500 гривень або 32,5%.

Дослідники вивчали дію SMarT-програм для корпоративних пенсійних планів. У науковій статті вони описують, що для групи, яка брала участь у подібній програмі, середній рівень заощаджень виріс з 3,5% до 13,6% протягом 40 місяців. Розміри заощаджень були більшими порівняно із працівниками, які не брали участь у програмі.

FIRE – Financially Independent, Retire Early

Для попередніх поколінь на Заході типова історія така: сорок років праці, а потім тридцять років ситого життя на пенсії.

Міленіали, однак, переосмислили концепцію пенсії. У популярному TED-виступі Лейсі Філіпіч з Австралії каже: «Ми хочемо мати більше вільного часу поки молоді і здорові!». Пенсію замінюють фінансовою свободою у середньому віці, водночас у старості допускаються підробітки. Адже багато професій не потребують фізичної праці, лише розумової.

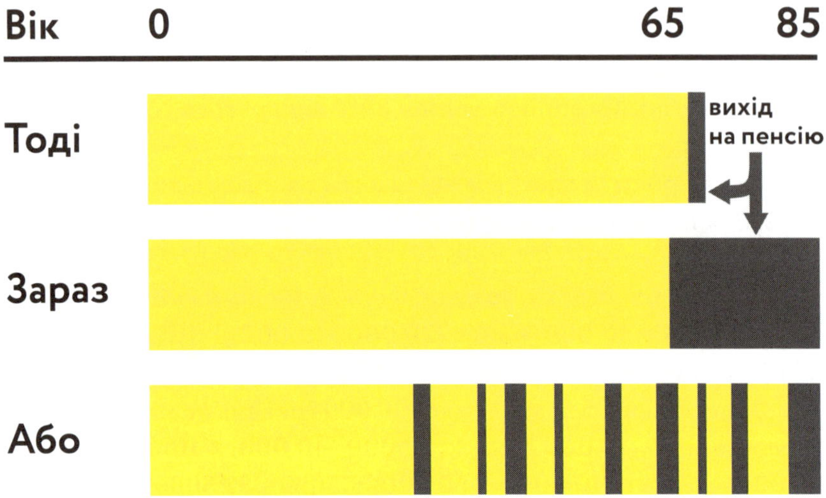

Ви можете відкрити перед малюком нову парадигму. Подивіться документальний фільм «Playing with Fire» 2019 року. Фільм має 7,4 зірочки на IMDB та 96% схвалення глядачів на Rotten Tomatoes.

Скотт і Тейлор залишають «життя мрії» у Каліфорнії та починають нове, яке «коштує» на 70% менше. Вони показують витратну та інвестиційну філософію руху FIRE. Основні цілі – оптимізувати щастя та сенс життя.

Обговоріть фільм, посійте зерно фінансової свободи.

Також пропоную вам прочитати і обговорити з вашою дитиною статтю Євгена Ужви «Фінансовий план: "Як стати мільйонером". Що таке насправді 1 мільйон?». Він пише про рівень капіталу, необхідного для пасивного доходу, на прикладі 10% річних дохідності і сплати 20% податків. Наприклад, для 2000 доларів пасивного доходу достатнім є 300 000 доларів інвестованого капіталу.

Почни відкладати якомога раніше

Це з галузі наукової фантастики, щоб після моїх виступів студенти почали відкладати собі на приватну пенсію. Та все одно, ми з вами маємо розповідати про неї, аби формувати культуру.

Ви можете скористатися розрахунками мого партнера В'ячеслава Масленнікова у статті на сайті «Сімейний Бюджет». Він показав, що для пенсії 1000 доларів з 60 до 80 років достатньо відкладати 105 доларів на місяць з 20 років до 60 під 7.5% річних. Якщо почати в 40 років, то необхідна щомісячна сума заощаджень зростає до 294 доларів.

Я свідомий того, що формування культури заощаджень це довгий процес. Після проєкту «Малюк та Бюджет» у мене в планах ще один – «Студент і Бюджет». Хочу заснувати національний проєкт, у якому студенти обраних вишів протягом року будуть відкладати собі кошти в недержавний пенсійний фонд. А за рахунок спонсорів проєкту на кожні 2 гривні, які вони відкладуть, їм будуть додавати ще 1 гривню на їхнє майбутнє. Побачимо…

Ви тим часом можете пояснити молодому дорослому цитату, яку приписують Альберту Ейнштейну: «Складні відсотки – восьме чудо світу».

ВІДДАВАТИ

Міжнародні волонтерські програми

Ви, ймовірно, чули про американський Корпус миру. 2019 року його місія відновила роботу в Україні. До нас знову приїжджають волонтери викладати англійську в усіх куточках країни.

У такий спосіб і молодий дорослий може знайти волонтерську програму за кордоном через свій виш, Всеукраїнську асоціацію молодіжного співробітництва «Альтернатива-Б», Спілку Форум, Good News Corps чи міжнародну організацію Global Volunteers.

Є ціла група у Facebook з відгуками учасників літніх таборів праці, ось один як приклад:

Були значить ми в Мануелі, 40 км від Валенсії, що в Іспанії.

Про сам табір сильно багато говорити не буду, бо на цю тему можна написати книжку. Але скажу, що це був мій перший такий досвід волонтерства за кордоном, а значить перше враження дуже «рішає» :)

Приїхали. Поки всі роззнайомились, пройшло два дні мінімум, бо далеко не всі приїхали в перший же день. І не дивно, бо рібята були з найрізноманітніших куточків світу, починаючи з Канади, закінчуючи Кореєю. Всі були дуже різні, але супер-класні. За цей момент теж була дуже рада, бо приємно, коли тебе оточують такі бусінки.

А ще рада, що всі ці два тижні майже весь час пройшли на англійській. Чому майже? Ну все ж таки між собою з хлопцем ми розмовляли українською і ще з двома дівчатами з Росії відповідно російською.

Звичайно, ми трохи працювали і мені навіть подобалось. Хоч і треба було вставати о 7-й ранку. Займались ми тим, що чистили територію міні-скверику, хто полірував і фарбував лавочки, хто допомагав прибирати бур'яни і листя, це було навіть весело. Після 11 розходились, бо в Іспанії спекотно :) А особливо наш Мануель (зупинка Manuel-L›Enova від основного вокзалу Валенсії), в якому 35 градусів — це стандартно :)

Щодо їжі та прибирання нашої школи, де ми жили — на кожен день була своя cooking team і clean team. По двоє людей у кожній. Тому у нас завжди було прибрано, і їли ми найрізноманітніші страви з уяви інших волонтерів, ну і нашої, звичайно, теж :) Було цікаво готувати на 15–16 людей, а особливо чути потім, як було смачно.

На сайті тієї ж Спілки Форум є культурно-історичні, екологічні, соціальні волонтерські табори в Україні.

СТАВЛЕННЯ ДО БАГАТСТВА

Поговоріть з молодим дорослим про університетські фонди у США (endowment) на прикладах Гарварду та Стенфорду. Чому багаті люди жертвують університетам мільйони доларів? Куди йдуть ці кошти? Хто управляє фондами університетів? Куди вони вкладають і на що витрачають?

Поговоріть про фонд Білла і Мелінди Гейтс. Білл Гейтс 16 разів очолював список найбагатших людей світу за версією Forbes. Чому він і дружина віддають більшу частину свого багатства на благодійність? Як працює їхній фонд? Які проєкти реалізовано з 2000 року? Які цілі вона перед собою ставить? Чому Уоррен Баффет пожертвував 1,5 мільярда доларів у Фонд?

Інша історія про нападника Ліверпуля Садіо Мане. Чому футболіст, маючи річну зарплату 11,5 мільйона фунтів на рік, користується iPhone з розбитим склом? Як зрозуміти його фразу: «Чому я не хотів би десять Ferrari, 20 діамантових годинників і два реактивні літаки? Що це зробить для світу?». Навіщо Мане будує школи і стадіони в рідному Сенегалі? І крім того, дає кожній родині у дуже бідному регіоні, де він виріс, по 70 євро щомісяця?

Почитайте і обговоріть уривок з книжки «Історія Walmart. Зроблено в Америці», у якому Сем Волтон описує своє ставлення до багатства:

> *Деякі родини продають свої акції потроху, щоб жити на широку ногу, аж раптом бум! — і ось уже хтось їх поглинає, і все котиться під три чорти. Я пишу цю книжку також тому, щоб мої онуки та правнуки прочитали її й затямили: якщо утнете щось подібне, я повернуся з того світу й буду вас переслідувати. Тож навіть не думайте про це.*
>
> *Я не намагаюся тут прибіднятися. Ми, безперечно, маємо пристойні родинні заощадження вже багато років — навіть до того, як компанія Walmart пішла вгору. Але ось яка штука: гроші ніколи не значили для мене дуже багато, навіть як мірило успіху. Коли маємо достатньо їжі й комфортний будинок, достатньо місця і харчів для моїх мисливських собак, а також є місце для полювання та гри в теніс і можливість дати дітям добру освіту, то це багатство. Тут питань немає.*
>
> *Ми не хворі на голову. Не живемо, як бідняки, хоч деякі намагаються нас такими зобразити. Ми любимо літати, і в нас є гарні літаки. За всі ці роки я мав з вісімнадцять літаків, і жоден із них не купив новим. Наша родина зустрічається в красивих місцях, як-от готель Ritz-Carlton у Нейплз, штат Флорида, або Del Coronado в Сан-Дієго. Наш дім спроєктував Ю. Фей Джонс — усесвітньовідомий учень Френка Ллойда Райта, який живе неподалік у Феєтвіллі. І хай навіть я думаю, що він кошту-*

вав надто дорого, маю визнати, що цей будинок гарний у своїй простоті й природності.

Ми не соромимося того, що маємо гроші, але я просто не вважаю прийнятним виставляти все напоказ. Я досі не розібрався з усією цією метушнею навколо статусу знаменитості. З якого дива, наприклад, мене запрошували на весілля Елізабет Тейлор у Голлівуді? Досі не можу збагнути, чому моє відвідування перукарні — це така вже новина? Де ж мені ще стригтися?

Ми з дружиною недавно слухали лекцію Оскара Бреніф'є про глибші діалоги з дітьми, аніж «Як минув твій день?» і «Що ти їла?». Можливо, його техніки «Мистецтво ставити запитання» та «Як навчити дітей думати» згодяться й вам. Приклади є на YouTube. Він рекомендує починати глибокі діалоги ще у шкільному віці.

ФІШКИ-ЛІНКИ

Я припускаю, що ваша дитина знає англійську мову. Тож рекомендую проєкт «Better Money Habits», створений у партнерстві Bank of America та Khan Academy.

Це статті, відео, інфографіка, тести на всі теми персональних фінансів. Усе доступно безкоштовно онлайн. Десь третина незастосовна до України, але такі розділи, як «Saving & Budgeting» актуальні незалежно від країни проживання. У цій темі розкрито такі питання: як планувати резервний фонд, сімейний бюджет, принципи заощаджень, свідомі способи контролю витрат, витрати на подорожі та розваги.

Щороку Фонд гарантування вкладів фізичних осіб України за підтримки USAID проводить конкурс студентських відео з фінансової грамотності. Якщо ваші діти навчаються на економічних спеціальностях чи просто цікавляться темою, запропонуйте їм взяти участь. Для переможців конкурсу є грошові призи.

Якщо ж бажання спробувати себе сценаристом, режисером чи актором у фінансовій грамотності немає, то просто перегляньте разом роботи переможців на YouTube-каналі фонду. Вони і пізнавальні, і часом веселі :)

Весілля

У кінці 2015 року в США запустився стартап SwanLuv. Він давав на весілля від 10 000 доларів. Їх не потрібно було повертати, якщо пара все життя залишиться разом. На випадок розлучення пара юридично зобов'язувалася повернути гроші із відсотками.

Вочевидь, вони прораховували високий рівень розлучень. Побудували фінансову модель. Та неймовірний інтерес закоханих до нового способу фінансування весілля передбачити не могли. Завдяки національним медіа SwanLuv став отримувати тисячі заявок. Уже через місяць вони кардинально змінили концепцію, сказавши: «Ні, тепер ми краудфандингова фірма для фінансування весіль, а платять нехай батьки та родичі». Після цього їхня популярність згасла.

Я погуглив тему «Скільки коштує весілля в Україні» і виявив, що бюджет дуже сильно залежить від бажань молодят, місця проведення і наповнення торжества. Тож немає сенсу наводити тут конкретні цифри загального бюджету. Тим більше, вони щороку зростатимуть.

Натомість зауважу, що святкувати весілля в кредит – це ризик хронічної проблеми витрачати наперед. Навіть якщо молодята прийдуть до вас як до батьків за позичками на весілля, це чудова можливість дати життєвий урок, що бажання мають збігатися із можливостями. Соціальне дослідження понад 3000 американських пар у 2014[34] році показало: тривалість шлюбу обернено пропорційна витратам на обручку та весільну церемонію. Тобто, менше витрат – більша тривалість життя разом.

Тож мені сподобалися прості поради від організатора весіль з Тернополя «Stella Harmony» для молодят.

- Зверніться до спеціалістів весільного бізнесу, обговоріть з ними всі ідеї та побажання та зробіть замовлення. Краще обирати агенції, які комплексно надають послуги, так скоротите час на підготовку та витрати.
- Організовуйте все в одному місці. Їздити від РАЦСу в парк, а з парку в ресторан – це зайва трата грошей, зіпсований настрій замучених гостей. Краще орендуйте по-справжньому красивий зал і замовте виїзну церемонію.
- Продумано складіть список гостей. Не запрошуйте незрозумілих вам троюрідних тіток. Запрошуйте тих людей, яких ви дійсно хочете бачити.
- Шийте плаття на замовлення. Навіть якщо ви захоплені дизайнерським варіантом сукні Кейт Міддлтон, плаття від відомих дизайнерів коштують, як машина, а ось одягнете його лише раз. Найкраще замовити пошиття сукні. Так ви отримаєте ексклюзивне та ідеальне плаття за цілком прийнятні гроші.
- Ретельно обирайте місце. Ми не закликаємо вас знизити планку: місце для проведення торжества має бути ідеаль-

34 Francis-Tan, Andrew and Mialon, Hugo M., 'A Diamond is Forever' and Other Fairy Tales: The Relationship between Wedding Expenses and Marriage Duration (September 15, 2014).

ним! Але спробуйте розглянути ресторани, що відкрилися недавно – в них завжди великі знижки на подібні заходи.

- Грамотно складайте меню. Не варто намагатися догодити всім, замовляти всі види алкоголю, кілька видів других страв і десертів. Робіть вибір на користь «золотої середини».

Звісно, якщо ви, батьки, можете дозволити собі щедрий подарунок на весілля, то порадуйте себе та молодят. Підкреслюю, однак, що рахунок ваших пенсійних заощаджень недоторканний ;)

РОЗДІЛ 9

ЗАХИСТ РОДИНИ ВІД ФОРС-МАЖОРІВ. СТРАХУВАННЯ

2017 року двоє моїх близьких друзів пішли з життя тридцятирічними. Обидва в результаті нещасних випадків. В одного залишилося троє дітей. Після того я усвідомив: про такі ризики варто подбати і захистити сім'ю на випадок найгіршого сценарію.

Чому багато українців страхують авто, але не задумуються про захист свого здоров'я? Брак знань та обізнаності? Міф, що це дуже дорого? Стереотип браку надійних страхових компаній? Невідомо.

Людський капітал (human capital) – це найцінніший актив, який у нас є в 20–50 років. Тож у сімейних фінансових планах в рамках iPlan.ua ми постійно рекомендуємо: захистіть родину, майно і свої майбутні грошові потоки.

Зважмо всі рівні захисту й оцінімо вартість деяких з них.

ЗАПОВІТ

Клієнти, які інвестують через американського брокера, часто запитують: мовляв, багато знайомих також хочуть інвестувати за кордон, але непокояться, що згодом не зможуть передати капітал своїм дітям.

Я почав із запиту в Interactive Brokers щодо спадщини. З їхньої відповіді стало зрозуміло, що основне – це нотаріально посвідчений заповіт.

Далі, здавалося б, іди і посвідчуй. Ага, де там! Кілька нотаріусів в Ірпені взагалі не хотіли з'ясувати це питання.

Лише за рекомендації юридичної фірми KDK Partners у Києві знайшовся один нотаріус, готовий працювати з іноземними активами. Посвідчення заповіту в Києві коштує кілька тисяч гривень залежно від складності й розцінок самого нотаріуса.

Шаблон заповіту є на сайті соціального проекту «Сімейний Бюджет». Думка Євгена Дружиніна, партнера юридичної фірми KDK Partners:

> *Заповіт вносить чіткість і ясність у питаннях успадкування. Особа самостійно може визначити своїх спадкоємців, незалежно від наявності з ними сімейних, родинних відносин. Це дуже актуально, якщо пара живе без оформлення шлюбу. У таких випадках друга половинка законодавством не захищена і є спадкоємцем лише четвертої черги. У таких ситуаціях, якщо немає заповіту, спадщину може отримати тітка, з якою спадкоємець міг навіть не бути знайомий*
>
> *Заповідач може зробити у заповіті заповідальний відказ (встановити на користь осіб, які входять, а також тих, які не входять до числа спадкоємців за законом зобов'язання майнового*

характеру, яке виконується спадкоємцем за заповітом за рахунок спадщини). Так само можна зобов'язати спадкоємців до вчинення певних дій немайнового характеру, зокрема, щодо розпорядження особистими паперами, визначення місця і форми здійснення ритуалу поховання, дій, спрямованих на досягнення суспільно корисної мети.

Також можна взяти до уваги виникнення права спадкування наявністю певної умови (наявність інших спадкоємців, проживання у певному місці, народження дитини, здобуття освіти тощо).

СТРАХУВАННЯ ЖИТТЯ ТА ПРАЦЕЗДАТНОСТІ

Є два основні види цього виду страхування: накопичувальне та ризикове. Накопичувальне лайфове страхування містить компоненти за типами ризиків: смерть, нещасні випадки (включно з ДТП) та інвалідність. Оскільки це гібридний продукт, то, окрім страховки, ви також накопичуєте з інвестиційним прибутком.

Численні страхові агенти в Україні допоможуть вам підібрати тариф і компанію безкоштовно, адже отримують свої комісійні від продажу програм.

Саме для інвестицій на фонд освіти цей фінансовий продукт має суттєві недоліки. Це і валюта гривня на довгу дистанцію, і неліквідність, і непрозорі тарифи. 15% інвестиційного прибутку ви віддаєте компанії. Існує фіксація регулярних внесків із штрафами за невиконання. Неможливо змінити страхову.

Головна перевага — надійність збереження ваших коштів. Також є податкова знижка на внески, якщо у вас є офіційна зарплата у штаті. Періодичність внесків і відповідальність за пропуски насправді багатьох дисциплінують.

Ви на 15–30 років застрахуєтесь від найгірших випадків, до того ж, якщо купуєте поліс у 25 років, то і страховий тариф для вас фіксується на багато років як для молодої здорової людини.

Якщо ви розглядатимете накопичувальне страхування, то я би дивився тільки на компанії із західним капіталом (МетЛайф, Уніка, Княжа, Граве, ПЗУ). В оптимальному сценарії вам до 30 років, ви берете програму на 30 років, і у вас офіційна зарплата (не ФОП).

У нас в родині дружина відкладає у доларову програму УНІКИ на 30 років до 60. Страхове покриття життя там маленьке, інвестиційні прибутки мізерні. Та це надійно і дає певний психологічний комфорт.

Поглянемо також на ризикове страхування як захист, адже власне воно і цікавить нас найбільше!

На жаль, покриття в 100 000 євро і більше в українських «дочок» західних страхових нереальне. За всіх наших можливостей iPlan.ua отримувати оптові умови для клієнтів я не знайшов нічого кращого, ніж 1% страхового тарифу від суми. Тобто за покриття близько 3 мільйонів гривень страховики хочуть близько 30 000 гривень річного платежу.

Я ж хотів застрахуватися тільки від нещасних випадків. Не бачу сенсу дорого платити за ризики по смерті чи втраті працездатності з будь-якої причини. У нас нерозвинутий Insurance Tech, відповідно страхові рівняють всіх під одну мірку. Для мене як для чоловіка середнього віку тариф високий. Моє водіння з дотриманням правил і здоровий спосіб життя нікого не цікавлять.

В Україні прийнятного поліса лише на нещасні випадки із покриттям на 100 000 євро я так і не знайшов. Є пропозиції сумнівних офшорних страхових зі страховим покриттям хоч на мільйон євро. Утім довіри до них жодної.

СТРАХУВАННЯ ВІД КРИТИЧНИХ ХВОРОБ (ОНКОЛОГІЧНИХ, СЕРЦЕВИХ)

Ціль – застрахуватися від онкології, а також дорогі операції на серці і частково нейрохірургічні.

Ви, ймовірно, чули про МетЛайф та інші компанії, які у своїх накопичувальних програмах пропонують захист від критичних захворювань. Це так звані монетарні програми. Якщо хворобу діагностовано, страхова виплатить суму покриття. І далі пацієнт лікується самостійно.

Ліміти за такими програмами обмежені. Вони дорогі, мільйон гривень покриття обійдеться близько 10 000 гривень річного платежу. Тож і я, і клієнти iPlan.ua обирають одну з двох наявних в Україні асистантських програм. Їхня логіка інша – є колл-центр, який організовує лікування, а страхова за все платить напряму.

Медицина без меж – програма, яку в Україні адмініструє ARX, глобальний провайдер послуг Best Doctors Insurance. За 225 євро на рік на дорослого ви отримуєте 1 млн євро на випадок, 2 млн євро покриття на все життя. Лікування тільки за кордоном. Ліки під час лікування покриваються повністю. Під час реабілітації – у межах 50 000 євро. Поліс можна купувати до 65 років, далі пролонгувати ще до 85 років.

За хворобами: лікування злоякісних новоутворень і передракових станів усіх видів, шунтування коронарної артерії, заміна чи відновлення серцевого клапана, нейрохірургічне втручання, пересадка органа за прижиттєвою згодою донора, трансплантація кісткового мозку.

Доктор ТАС – програма, яку в Україні адмініструє ТАС, глобальний провайдер ізраїльської компанії Madanes. У пакеті оптимальний «Україна+» за 250 євро на рік ви отримуєте 500 000 євро покриття. Діагностика – іноземні клініки, включаючи Ізраїль. З онкології лікування в LIDOS, Клініці Спіженко, клініці «Інновація». Або клієнт при настанні страхового випадку може доплатити 5000 євро і лікуватися за кордоном. Ліки покриваються.

З кардіохірургії в страховку входять: шунтування коронарних артерій, заміна або лікування одного чи кількох серцевих клапанів, зокрема й хірургічні операції з пластики судин серця, стентування, хірургічне лікування порушень серцевого ритму.

В обох програмах є медичні анкети на вході. І є винятки. Якщо вирішите купувати одну із програм, чесно заповнюйте документи і уважно з'ясовуйте деталі у страхового менеджера.

ДОБРОВІЛЬНЕ МЕДИЧНЕ СТРАХУВАННЯ (ДМС)

ДМС є нормою розвинутих країн. В Україні його часто додають у соціальний пакет офіси міжнародних корпорацій та IT-бізнеси. Індивідуально цей продукт українці рідко купують. Страхові зацікавлені тільки у корпоративних клієнтах, тож для фізичних осіб тарифи значно вищі.

Я почав свою фінансову кар'єру 2005 року в компанії Deloitte і там отримав свій перший поліс ДМС. Оцінив переваги, і всі наступні роки після Deloitte купую страхування для себе і родини самостійно. Ви здивуєтесь, але основна цінність виявилась не фінансова. Якщо мало хворієте і ведете здоровий спосіб життя, то заплатите страховій за поліс більше, ніж ваші реальні витрати на медицину за рік.

Я купував і буду надалі купувати ДМС насамперед задля економії часу. Колл-центр знаходить прийом потрібного лікаря у зручний час у зручному мені місці. Нагадує про візит. Організовує купівлю ліків за рецептом лікаря в обраній аптеці. Може за додаткову плату і додому доставити.

Ще у ДМС я дуже ціную низький психологічний бар'єр «піти по лікаря». Без поліса це додаткова причина відкласти візит, бо це ж «450 гривень» платити. З полісом більше шансів піти до лікаря на ранній стадії хвороби.

Коротко дам приклад ДМС, щоб ви уявляли, скільки це коштує. Програма називається «Класік». Річний платіж на людину – 9000 гривень. Максимальна страхова сума витрат – 200 000 гривень на рік. На брендові клініки типу «Добробут» франшиза 50%, відомчі і звичайні приватні – 100% покриття. Медикаменти – 100%. Винятки, що стосуються хвороб, розписувати не буду, але вони є. Входить 10 масажів, 1 базовий профілактичний огляд на рік (аналізи крові, сечі, ЕКГ, УЗД). І вітамінки в межах 200 гривень на людину на рік :)

Стоматологія не входить. На критичні хвороби (онкологія, цукровий діабет...) покриття немає.

Ми з дружиною купуємо з групою інших людей через страхового брокера, щоб мати корпоративний тариф.

На малюка від 0 до 4 років «Класика» коштує 17 000 гривень, а від 5 до 17 років – 15 000 гривень. Ми не купуємо поліс на малюка через високу ціну. Вона зіставна із комплексними річними пакетами в «Добробуті».

А річний пакет від 0 до 1 року, який ми купували в маленькій приватній клініці Ірпеня, обійшовся нам утричі дешевше. Після першого року життя клініка, в якій ми обслуговуємося, програми для дітей не пропонує. Тож зараз просто платимо за візити і ліки самостійно.

СТРАХУВАННЯ ЖИТЛА ТА АВТО

Зі страхування авто і майна не буду порівнювати різні програми, адже у вас базова інформація і так є. Принаймні щодо КАСКО, бо квартири не всі страхують. Хоча, на мою думку, варто!

Розповім, що обрав я, щоб у вас було з чим порівняти. І нагадаю, що ми страхуємо здоров'я і активи, щоб захистити свій грошовий потік і свої фінансові цілі майбутнього.

Квартиру і машину я страхую у компанії «УНІКА». Це страхова із міжнародним капіталом, яка забезпечує просте оформлення і прийнятні тарифи.

Оскільки користуємося електромобілем, то купуємо ЕКО-КАСКО. Там, окрім звичайних ризиків, є два виклики евакуатора на рік, якщо розрядилася батарея в дорозі ;) Вже навіть довелося потестувати цю послугу на одеській трасі між Білою Церквою і Уманню!

Тариф у нас близько 2% з франшизою 15 000 гривень. Обрано саме такий тариф, оскільки ми з дружиною обережні і спокійні водії. Потрібен захист тільки від великих аварій, викрадення, виходу з ладу батареї тощо. Ще купую розширену автоцивілку – на випадок аварії з участю дорогого авто.

У нашій закритій групі інвесторів на Facebook була дискусія, чи варто платити КАСКО 5–7% від вартості авто щорічно. Думки розійшлися, а аргументи наводились не тільки фінансові.

Щодо житла: я обрав легку в оформленні програму в «УНІКА», яка не вимагає оцінки майна. У Києві і в радіусі тридцяти кілометрів передмістя – 24 000 гривень покриття на квадратний метр коштують 62 грн/м^2 річного платежу. Страховий тариф – 0,26%.

Покриваються стандартні ризики пожежі, затоплення, стихійних лих, розбиті вікна. Також пограбування в межах 70 000 гривень за пошкодження квартири. Меблі та побутова техніка під страховим покриттям, інші цінні речі не покриваються. Відповідальність перед сусідами можна покрити за додаткову плату, та цю опцію ми не купуємо.

ФІЗИЧНА БЕЗПЕКА

На iPhone та iPad додаток Find My дає змогу ділитися місцезнаходженням між членами родини. Ви навіть можете допомогти членам родини знайти їхній втрачений телефон. Як налаштувати, читайте на сайті підтримки Apple.

На Android-телефонах рекомендую встановити Google Family Link. Там є кілька функцій батьківського контролю телефону дитини, серед яких і місцезнаходження. Як налаштувати, є на сайті підтримки Google.

Світовий лідер для родини – кросплатформний додаток Life360. Він безкоштовний у базовій версії. Має корисну функцію Help Alert (Допоможіть!).

У Київстар є послуга «Маячок». У Vodafone аналогічна називається «ЗнайДе». У Lifecell, мабуть, теж щось таке є, хоча я не знайшов на їхньому сайті.

Підключіть, будь ласка, хоча б одну з вищезгаданих послуг, якщо ви досі цього не зробили!

Окрім того, варто провести дітям інструктаж щодо незнайомців. Ось що рекомендує Міністерство юстиції:

Якщо дитина 6+ (інколи ходить до школи/грається біля дому сама), то вигадайте секретне слово. Назва улюбленої страви, мультфільму чи іграшки.

Сто разів поясніть, що дитина в жодному випадку не має йти з незнайомцем, якщо чужа людина не сказала одразу секретне слово. Немає секретного слова – дитина має тікати додому або до дорослих, яким довіряє (до батьків, вихователів, учителів).

КІБЕРБЕЗПЕКА

Багато батьків не усвідомлює серйозності цього питання. Хоча історія групи «Синій кит» кричить про загрозу. Нагадаю, що група через соціальні мережі залякувала підлітків, доводила їх до депресії і навіть самогубства.

У Міносвіти 2020 року відбувся круглий стіл «Кібербезпека в освітній сфері». Там було презентовано результати опитування

30 СЕРПНЯ

МІЖНАРОДНИЙ ДЕНЬ ЖЕРТВ НАСИЛЬНИЦЬКИХ ЗНИКНЕНЬ

ЩО ВАРТО ЗНАТИ ДИТИНІ, ЩОБ НЕ СТАТИ ЖЕРТВОЮ ВИКРАДАННЯ

(КІДНЕПІНГУ)

НЕ ГОВОРИТИ З НЕЗНАЙОМИМИ ЛЮДЬМИ

- не розмовляти, не відповідати на питання і швидко відійти
- не брати цукерки чи інші дарунки
- не реагувати на заклики допомогти зняти з дерева кошенят чи інші подібні прохання
- нікуди не йти навіть із знайомими людьми
- без дозволу батьків ніколи не бігти за незнайомцем, який схопив речі (мобільний тощо)

НЕ БОЯТИСЯ КЛИКАТИ НА ДОПОМОГУ

- голосно кричати, як тільки незнайомець узяв за руку чи портфель
- попросити дорослих із дітьми проводити додому/до школи у разі можливої небезпеки

БУТИ ОБЕРЕЖНИМ

- ходити тим маршрутом, про який знають батьки; повідомляти батькам про будь-які зміни маршруту
- не ходити темними та малолюдними вулицями
- нікому не відчиняти двері квартири і не впускати в квартиру без дозволу батьків
- не повідомляти у соціальних мережах, що вдома чи ще десь дитина буде одна (без дорослих)
- не повідомляти жодної приватної інформації про свою сім'ю, родичів, сусідів

! Якщо дитина зникла, не чекайте трьох днів - відразу повідомте правоохоронні органи

[БЕЗОПЛАТНА ПРАВОВА ДОПОМОГА]

ЄДИНИЙ КОНТАКТ-ЦЕНТР
[0 800 213 103
цілодобово • безкоштовно у межах України

[www.legalaid.gov.ua]

МІНІСТЕРСТВО ЮСТИЦІЇ

«До кого звертаються підлітки по допомогу в разі зустрічі з кіберзагрозою?». Результат опитування:

- не звертаються по допомогу – 69%
- до друзів – 15%
- до батьків – 7%
- до компаній – 5%

Не думаю, що вам варто жити в ілюзії «я закрию доступ у віртуальний світ». ООН вже визнала право на доступ до Інтернету одним із невід'ємних прав людини ;) Без нього сучасне життя і професії майбутнього неможливо уявити.

Тож рекомендую зайнятися самоосвітою у питанні безпечного Інтернету. І побудувати довірливі стосунки. Важливо, щоб у випадку кібербулінгу, шахрайства та за інших проблем у віртуальному світі дитина прийшла зразу до вас.

Ось кілька організацій «на світлій стороні».

CERT-UA (Computer Emergency Response Team of Ukraine) – державний центр кіберзахисту. Ви можете повідомити про інцидент cert@cert.gov.ua або за телефоном +38(044)281–88-25. Вас проконсультують, як ліквідувати загрозу, та посприяють блокуванню шкідливих ресурсів.

Національна дитяча «гаряча лінія». Комп'ютерна та інтернет-залежність, секстинг, тролінг, грумінг, мобінг, фішинг, кібербулінг, смертельні квести, кардинг. Дзвоніть 116 111 з мобільних.

Центр кращого Інтернету[35]. Серед їхніх проєктів – переклад українською мовою посібника для вчителів і робочого

35 https://betterinternetcentre.org/

зошита для підлітків «The Web We Want» (Інтернет, який ми хочемо). З їхньою допомогою знайдете безкоштовні корисні ресурси: наприклад, навчальний посібник для батьків «Клан Клік-Клац. Виховання дітей у цифрову еру».

РОЗДІЛ 10

ФОНД ОСВІТИ. КУДИ ІНВЕСТУВАТИ

Біля ліжка старенького дідуся:

> *— Любий, що зробити з грошима під матрасом, які ми все життя збирали на автомобіль?*
>
> *— Віддай онукам! Нехай шоколадку куплять ...*

Навіть за низької доларової інфляції у 2,2% річних гроші під матрасом за 18 років втратять майже половину купівельній спроможності. Що й казати, якщо інфляція прискориться. Отже, потрібно навчитись інвестувати.

ЖИТЛОВА І КОМЕРЦІЙНА НЕРУХОМІСТЬ

Одні мої знайомі підходять до фінансування освіти дітей так: купимо «однушку» біля метро, вона буде приносити 120 000 гривень на рік – це на школу, перед університетом продамо, докладемо скільки потрібно – і буде вища освіта.

Квартира як надійний та зрозумілий українцям актив, безумовно, може бути джерелом пасивного доходу на дитячі цілі. Коли я рахував дохідність житлової нерухомості Києва, виходило за сприятливих обставин 7–8% річних у валюті. Це коли все за планом, гривня не обвалюється, орендатори стабільно платять і не переїжджають.

Ми з дружиною вирішили придбати комерційну нерухомість, де дохідність вища. У кінці 2019 року знайшли і придбали маленьке комерційне приміщення в центрі Ірпеня на первинному ринку.

Та нерухомість має низку недоліків, про які не варто забувати.

У Києві ціни в доларовому еквіваленті знижувалися з 2008 до 2018 року. Тож варто розраховувати тільки на орендний дохід у плануванні цілей. Потенційне зростання ціни квартири, можливо, стане приємним бонусом. Якщо воно буде, звісно.

Нерухомість — низьколіквідний актив. Григорій Овчаренко у своєму виступі на Smart Parents Investment Workshop розповів, як їхня родина продавала квартиру на лівому березі Києва, щоб заплатити за освіту сина в США. Від цін в Інтернеті потрібно було дати знижку 20%, щоб продати квартиру швидко. Тоді би квартиру продали навіть дешевше, ніж купували. Тому вони аврально знайшли кошти з інших джерел.

Орендна плата за досвідом 2014–2015 років — це, по суті, гривневий дохід. Орендарі не готові втричі більше платити після криз. Неважливо, чи є пункт прив'язки до долара в контракті. Пропозицій на ринку вистачає, вигідніше з'їхати, ніж платити повну доларову вартість. Отже, в орендного доходу є ризики знецінення гривні.

Потрібен час на управління командою ремонтників. Часові затрати суттєві, коли квартир три.

Вищевказана дохідність – без податків на доходи фізичних осіб (18%) і військового збору (1,5%). Звісно, далеко не всі їх платять.

На квартиру потрібна велика сума тут і зараз. А деяким сім'ям комфортніше було відкладати, наприклад, по 1000 гривень чи 100 доларів на місяць з народження дитини, щоб назбирати на фонд освіти.

І нарешті, базова диверсифікація активів – усі кошти не можна вкладати тільки «в бетон». Ми, звісно, і думати не хочемо, що в Харкові, у Києві, в Одесі чи в Дніпрі виникне якась ДНР/ЛНР. Натомість суттєве погіршення економічної ситуації, продовження тренду еміграції працездатних людей, прихід до влади популістів – усе це може статися в Україні 2020–2040 років.

ПАЙОВА НЕРУХОМІСТЬ І СОНЯЧНА ЕНЕРГЕТИКА

Орендної плати від придбаного приміщення нам вистачить на приватний садочок в Ірпені. Приватна школа в Ірпені коштує близько 114 000 гривень на рік, тому потрібно буде ще доінвестувати з метою додаткового пасивного доходу.

Я розглядаю для такої цілі вклад у Промприлад. Реновація. Це великий девелопмент- проєкт в Івано-Франківську. Офіси, готель і хостел, виставкові та концертні зали.

Окрім того, Промприлад. Реновація – найбільший в Україні проєкт імпакт-інвестування. 25% прибутку піде на соціальні цілі. Очікувана дохідність для приватних інвесторів 10–12% річних у валюті до податків. Дивіденди передбачаються не раніше 2024 року. Якраз Ярослав піде в школу.

Також 2019 року ми придбали кілька паїв енергетичного кооперативу «Сонячне Місто». Це сонячна електростанція на дахах міста Славутич. Ви, мабуть, чули, що в Україні — один з найвищих у світі «зелених» тарифів. Наша держава доплачує виробникам електроенергії із відновлювальних джерел і буде це робити до 2030 року згідно з прийнятим законом. Зі слів віце-президента норвезької компанії NBT Берге Творга, тільки 2019 року іноземці вклали 4 млрд євро у сферу відновлюваної енергетики.

Українським приватним інвесторам дістаються тільки крихти зі столу іноземних інвесторів. Та все ж кілька проєктів із демократичним вхідним квитком на ринку з'явилося. У тому ж «Сонячному Місті» пай коштував 15 000 гривень.

Інвестуючи у подібні проєкти, ви приймаєте бізнес-ризики: скасування чи зниження «зеленого» тарифу, проблеми з орендодавцями, пізній запуск в експлуатацію. От «Сонячне Місто» не встигло отримати «зелений» тариф 2019 року, а у 2020 він вже на 25% менший. Однак, на 13% річних в євро до податків протягом 7 років проєкт розрахований, що, погодьтесь, виглядає привабливо навіть з врахуванням ризиків.

Ми з дружиною, до речі, позитивно ставимося до державної освіти. У міжнародному звіті Global Competitiveness Index 2018, випущеним Всесвітнім економічним форумом, за рівнем освіти Україна посідає 46 місце. Це значно вище за наші рейтинги в економічному розвитку.

Однак у нас в передмісті Києва вирує дикий капіталізм у забудові. План міста існує тільки на сайті міської ради. Будують висотки та котеджі. Шкіл, садків і поліклінік катастрофічно не вистачає. На мій погляд, забудовники самі копають собі братську могилу. Ціна житла і їхня маржа не будуть рости в умовах падіння комфорту життя в місті.

А ми тим часом не сподіваємось на місце в державному садочку, хоч і стали в чергу одразу після народження малюка. Біля нас є хороша державна школа, де вже зараз навчання у дві зміни і понад 30 дітей у класі. В іншій державній школі Ірпеня 2019 року сформували 11 (!) перших класів. Ці факти показують вам, чому ми плануємо приватну дошкільну і середню освіту.

СКІЛЬКИ КОШТУЄ ПОСТАВИТИ ДИТИНУ НА НОГИ

Перш ніж говорити про варіанти інвестування, потрібно зрозуміти, скільки ж потрібно грошей, згода? Мій партнер по iPlan.ua В'ячеслав Масленніков порахував для порталу Womo.ua.

Фінансові цілі й сценарії

Що таке фінансова ціль? Це витрати, які покликані задовольнити відповідну потребу. Це може бути разова подія (весілля) або тривалий процес (освіта). Пологи, медицина, дитячий садок, середня та вища освіта – основні витрати у перші двадцять років життя вашої дитини. Фінансові цілі, які мають логічну послідовність, формують життєвий сценарій.

Вік	0	1	2	3	4	5	6	7	8	9	10	11	12	13	14	15	16	17	18	19	20	21	22
Фінансові цілі	Пологи			Дитячий садок			Школа											Університет					
	Медичне обслуговування																						

Розглянемо три сценарії: мінімальний, середній і максимальний. У кожному з них вартості цілей різні.

Сценарій	Фінансова ціль	Вік	Коментарі	Вартість, долари США
	Пологи	0		
мінімальний	Україна, державна пологова клініка		звичайний київський пологовий будинок	500
середній	Україна, приватна клініка		супровід вагітності, пологи	3000
максимальний	пологи за кордоном		США-громадянство, середня ціна	10 000
	Медичне обслуговування на рік	0-23		
мінімальний	сімейний чи знайомий лікар		державний лікувальний заклад	300
середній	пакет у приватній клініці чи ДМС		українська клініка чи страхова компанія	1000
максимальний	міжнародне медичне страхування		Allianz, DavidShield, Bupa	3000
	Дитячий садок на рік	3-6		
мінімальний	Україна, державний садок		звичайний київський державний садок	200
середній	Україна, приватний садок, мінімум		середня вартість недорогого варіанта	4000
максимальний	Україна, приватний садок, максимум		середня вартість дорогого варіанта	10 000

	Середня освіта на рік	6-17		
мінімальний	Україна, державна школа		звичайна київська державна школа	500
середній	Україна, приватна школа, мінімум		середня вартість недорогого варіанта	5000
максимальний	Україна, приватна школа, максимум		середня вартість дорогого варіанта	15 000
	Вища освіта (бакалавр) на рік	17-21		
мінімальний	український ВНЗ, контракт		КНУ ім. Т. Шевченка, контракт	1403
середній	університет у Східній Європі		Польща, з проживанням	7602
максимальний	університет у Західній Європі або США		середня вартість із проживанням	30 000
	Вища освіта (магістр)	21-23		
мінімальний	український ВНЗ, контракт		КНУ ім. Т. Шевченка, контракт	1519
середній	університет у Східній Європі		Польща, з проживанням	8145
максимальний	університет у Західній Європі або США		середня вартість із проживанням	30 000
	Весільний фонд	21		
мінімальний	немає такого			0
середній	10 000		весілля, подорож	10 000
максимальний	50 000		весілля, подорож, подарунок	50 000

Вартість фінансових цілей

Навіщо треба знати поточну ціну фінансових цілей? Припустимо, що ви хочете відправити свою дитину навчатися у польський університет. Є декілька варіантів фінансування навчання:

- активні доходи від професійної діяльності. Однак цих можливостей може бути не достатньо, доходи можуть до того часу зменшитися або зникнути, тому це найменш надійний варіант;
- наявність необхідної суми на момент початку навчання. Для цього необхідно регулярно інвестувати, щоб поступово цю суму назбирати;
- наявність необхідної суми вже зараз. Вона є інвестицією під вашу ціль, і ви не залежатимете від майбутніх активних доходів.

Для правильної оцінки поточної вартості фінансової цілі необхідно врахувати інфляцію і продисконтувати майбутні витрати на передбачувану ставку дохідності. Так ми отримуємо суму в поточних цінах. У таблиці усі записи подані в доларах США на 2018 рік:

Фінансові цілі	Сценарії		
	мінімальний	середній	максимальний
Пологи	500	3000	10 000
Медичне обслуговування	4222	14 073	42 220
Дитячий садок	500	9991	24 979

Освіта середня	3507	35 066	105 119
Освіта вища, бакалавр	2123	11 507	45 410
Освіта вища, магістр	849	4551	16 763
Весільний фонд	0	2350	11 750
Загальна вартість фінансових цілей	11 700	80 539	256 321
Загальні витрати без інвестицій	32 647	217 752	748 857
Різниця «інвестувати»/ «не інвестувати»	2,8	2,7	2,9

Наприклад, поточна вартість фінансової цілі «Освіта вища. Магістратура» за максимального сценарію становить 16 763 долларів. Це означає: щоб забезпечити реалізацію цієї цілі, а саме — отримання рівня магістра в одному з університетів Західної Європи або США (30 000 доларів на рік при поточних цінах або близько 53 000 доларів на рік у майбутніх цінах), необхідно зараз інвестувати 16 763 доларів. Передбачувана дохідність довгострокових портфелів від 7% до 10% річних.

Вартість реалізації усього сценарію — це сума, яка потрібна для інвестицій зараз, щоб покрити всі майбутні фінансові цілі. У цьому прикладі вартість мінімального сценарію 11 700 доларів, середнього сценарію — 80 539 доларів, максимального — 256 321 доларів. Якщо такі суми є, то реалізація сценарію не залежить від ваших активних доходів.

Для порівняння: якщо взагалі не інвестувати, то вартість реалізації мінімального сценарію дорівнює 32 647 доларів, середнього – 217 752 доларів, максимального – 748 857 доларів. Майже втричі більше.

Скільки потрібно інвестувати?

А якщо всієї суми немає тут і зараз, але є регулярні доходи? Скільки потрібно відкладати? Далі наведена таблиця з сумами щомісячних внесків на кожну ціль. Ці кошти регулярно інвестуються. Щомісячне інвестування починається одразу після народження дитини і буде тривати до виплат за конкретною ціллю. У таблиці всі цифри наведені в доларах США.

Щомісячні відрахування на фінансові цілі	Сценарії		
	мінімальний	середній	максимальний
Медичне обслуговування	24	83	250
Дитячий садок	10	203	507
Освіта середня	28	282	847
Освіта вища, бакалавр	18	95	375
Освіта вища, магістр	7	40	148
Весільний фонд	0	26	129
Загальна вартість фінансових цілей	88	729	2256

Наприклад, щоб повністю профінансувати отримання рівня магістра в університеті Західної Європи або США у максимальному сценарії, необхідно відкладати щомісячно 148 доларів, починаючи від народження дитини і до закінчення навчання.

Фінансові можливості сім'ї визначаються двома параметрами: наявними інвестиційними активами та регулярними доходами (зарплата, премії, бонуси та інше).

Аналізуючи свої можливості, сім'я визначає набір фінансових цілей, які хоче і може втілити. Сценарій, у якому вартість фінансових цілей відповідає вашим фінансовим можливостям, є оптимальним.

Отже, скільки коштує поставити дитину на ноги?

Усе залежить від того, які фінансові цілі ви обрали для своєї дитини. У прикладі з трьома сценаріями за умови грамотного інвестування 11 700 доларів коштує поставити дитину на ноги за мінімального сценарію, 80 539 доларів – за середнього, і 256 321 доларів – за максимального. Наявність зараз цих сум дасть можливість профінансувати усі витрати, навіть коли повністю бракує активних доходів.

Якщо у вас немає інвестиційних активів, починайте їх формувати. У нашому прикладі за мінімального сценарію потрібно щомісячно інвестувати 88 доларів для того, щоб поставити дитину на ноги, за середнього сценарію – 729 доларів, і за максимального – 2 256 доларів.

Усі розрахунки та інвестиції ви можете зробити самостійно або з допомогою фінансових планерів у рамках сервісу iPlan.ua. У статті розрахунки зроблені з використанням стандартних підходів, без урахування специфіки конкретної ситуації.

ЛОКАЛЬНІ ІНВЕСТИЦІЙНІ ФОНДИ В УКРАЇНІ

Держава дає допомогу при народженні дитини. 2019 року це було 41 280 гривень. Частина суми виплачується одразу після народження, а решта протягом трьох років. У нашому випадку ми отримали близько 10 000 гривень після народження, а далі отримуємо 860 гривень щомісяця.

Дружина відкрила карту для соціальних виплат ПриватБанку, гроші щомісячно приходять туди. Я в свою чергу налаштував, щоб ті гроші автоматично йшли на безподатковий депозит у тому ж ПриватБанку. Він доступний тільки для одержувачів зарплати, пенсії та соцвиплат, адже на ньому не оподатковуються відсотки. Опції капіталізувати відсотки я не знайшов, тому вони щомісяця зараховуються на картку. Таким чином, за три роки ми накопичимо 12 × 3 × 860 = 30 950 гривень.

Після закінчення виплат ми плануємо покласти цю суму у фонд «ОТП Діти». Там є юридична опція, коли рахунок відкривається відразу на дитину, а батьки діють від імені малолітньої (до 14 років) дитини. Фонд є аналогом «absolute return fund», інвестиційна стратегія якого спрямована на досягнення цільової дохідності за рахунок використання максимально дохідних інструментів ринку.

Планова структура портфелю фонду зараз така:

- 50% депозит в ОТП Банк для забезпечення стабільного гарантованого доходу.
- 50% інструменти фондового ринку, державні та корпоративні облігації, акції, деривативи.

НБУ планує вийти на 5% інфляції в довгостроковому періоді, і власне на початку 2020 року ми вже побачили такі цифри. Тому якщо фонд покаже 5% понад інфляцію у довгостроковому періоді, це буде прекрасний результат. Таким чином, протягом 15 років (з 3 до 18 років) я розраховую на 10% середньорічних у гривнях. Тоді сума 30 950 гривень у 2035 році перетвориться на: 30 950 × (1,1^15) = 129 286 гривень.

Якщо податки не зміняться на той час, то, продавши сертифікати, Ярославу доведеться заплатити 18% ПДФО + 1,5% військового збору з інвестиційного прибутку (129 286 – 30 950) × 19,5% = 19 175 гривень податків. На руки він отримає: 129 286 – 19 175 = 110 111 гривень.

Це будуть особисті кошти Ярослава, окремо від фінансування вищої освіти.

ESG ТА ІНОЗЕМНІ ФОНДИ АКЦІЙ ТА ОБЛІГАЦІЙ

У січні 2020 року ми також вирішили відкладати 1000 доларів на рік на вищу освіту малюка. Оскільки в iPlan.ua я багато працюю з інвестиціями на світових фондових біржах, то рішення, куди вкладати, очевидне.

Раз на рік разом із нашим пенсійним внеском я буду відправляти тисячу на рахунок в американського брокера Interactive Brokers. Ліміт на виведення коштів — 100 000 євро на людину на рік. Обов'язково мати офіційні доходи і їх документальне підтвердження. На сайті Сімейний Бюджет є порівняльна таблиця тарифів на свіфт-перекази топових українських банків та їхніх вимог до документів.

Не буду детально зупинятися на механіці цього процесу в книжці, адже на YouTube є плейліст Interactive Brokers з моїми відеоінструкціями що, як і куди. Головне, розуміти навіщо!

Протягом 15 років щороку будемо купувати три ESG ETF фонди. На цьому моменті варто зупинитися і пояснити читачам, що за дивні звірі ESG та ETF :)

Environmental, Social, and Governance (ESG) – три ключові чинники сталого зростання та суспільного впливу компаній. EGS інвестування, по-простому, це вибір «корисних» для світу компаній і фільтр «шкідливих». Є цілі сталого розвитку від ООН, для бізнесу вони викладені у United Nations Global Compact. До цієї ініціативи відповідальні компанії і приєднуються.

У компанії Morgan Stanley є дослідницька група Institute for Sustainable Investing, яка регулярно публікує дослідження вподобань інвесторів. Опитування 2019 року показало, що 95% покоління міленіалів цікавляться темою імпакт-інвестування, а 84% хочуть мати можливість вкладати інвестиції відповідно до своїх життєвих цінностей.

ETF (Exchange Traded Fund) – це фонд, який «торгується» на біржі, маючи ознаки акції. Є можливість купити чи продати такий фонд будь-якого робочого дня. До фонду входять сотні, а часом тисячі компаній.

Індексні ETF фонди зробили інвестування дешевим і доступним. Наприклад, щоб мати частку в 500 найбільших публічних компаній США (індекс S&P 500), ви заплатите всього лиш 0,03% від вашого внеску на рік у фонді Vanguard VOO . 42% міленіалів у США вже мають у своєму портфелі ETF фонди. Ця цифра росте з року в рік.

Тож я буду купувати на 1000 доларів три ETF фонди протягом 15 років у такій пропорції:

- ESGV Vanguard ESG U. S. Stock ETF – 34%
- ESGD iShares ESG MSCI EAFE ETF – 33%
- ESGE iShares ESG MSCI EM ETF – 33%

ESGV – фонд американського ринку акцій від культової компанії Vanguard Group. До фонду не потрапляють компанії з таких галузей: розваги для дорослих, алкоголь і тютюн, зброя, паливо, азартні ігри та ядерна енергетика. Індекс ESGV також використовує принципи Глобального договору ООН для виключення акцій компаній, які не відповідають стандартам трудового законодавства, прав людини, навколишнього середовища та боротьби з корупцією.

Щорічна комісія – 0,12%. Топ-10 компаній, думаю, вам відомі:

ESGV Top 10 Holdings [View All]

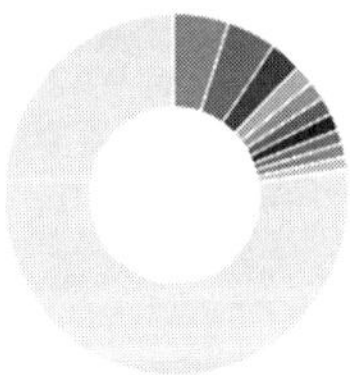

Apple Inc.	5.02%	Alphabet Inc. Class C	1.57%
Microsoft Corporation	4.59%	Alphabet Inc. Class A	1.52%
Amazon.com, Inc.	2.94%	Visa Inc. Class A	1.24%
Facebook, Inc. Class A	1.89%	Procter & Gamble Co...	1.19%
JPMorgan Chase & Co.	1.67%	Bank of America Corp	1.10%
		Total Top 10 Weighting	22.72%

ESGD – фонд акцій розвинутих країн: Японія, країни ЄС, Велика Британія, Швейцарія та ін. Схожі з ESGV принципи відбору компаній із широкого індексу MSCI EAFE Index. Комісія становить 0,2% на рік. Ось топ компаній фонду:

ESGD Top 10 Holdings [View All]

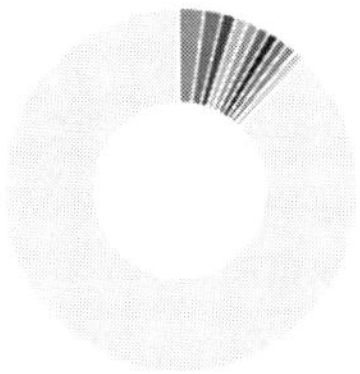

Nestle S.A.	2.31%	Toyota Motor Corp.	1.04%
Roche Holding AG	1.70%	HSBC Holdings Plc	0.95%
EQUITY OTHER	1.24%	Allianz SE	0.95%
BP p.l.c.	1.13%	Total SA	0.93%
ASML Holding NV	1.08%	AstraZeneca PLC	0.93%
		Total Top 10 Weighting	12.26%

ESGE – фонд акцій країн, що розвиваються: Китай, Корея, Індія, Бразилія. Принципи ціннісного відбору застосовуються до MSCI Emerging Markets Index. Щорічна комісія 0,25%. Ось топові країни та компанії фонду:

ESGE Top 10 Holdings [View All]

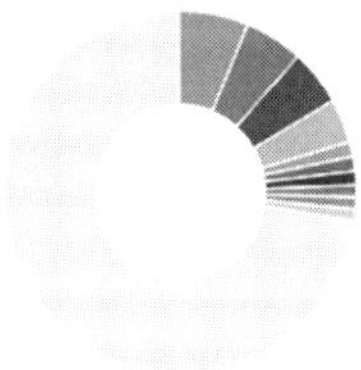

Alibaba Group Holdin...	6.34%	Naspers Limited Clas...	1.30%
Tencent Holdings Ltd.	5.33%	Housing Developme...	1.22%
Taiwan Semiconduct...	5.05%	China Construction B...	1.08%
Samsung Electronics...	3.94%	E.SUN Financial Hol...	1.07%
Ping An Insurance (...	1.32%	B3 SA - Brasil, Bolsa...	1.06%
		Total Top 10 Weighting	27.72%

Хоча, за класикою, у світовому індексі акцій на країни, що розвиваються, відводять 10%, я збільшив їхню частку у довгостроковому портфелі. Це індивідуальне вподобання, що базується на швидших темпах зростання економік цих країн порівняно із розвинутим світом.

На яку дохідність портфелю я сподіваюсь за 15 років? Максимум на 10% середньорічних за умови автоматичної реінвестиції всіх дивідендів.

Відповідно за 15 років ми загалом проінвестуємо 15 000 доларів. Очікуваний інвестиційний дохід 19 950 доларів. Податки — це складний підрахунок, однак для спрощення візьмемо 19,5% від інвестиційного прибутку. Тоді 19 950 × 19,5% = 3890 доларів. Чистий інвестиційний прибуток 16 060 доларів. А очікувана загальна сума для університету малюка становитиме 15 000 + 16 060 = 31 060 доларів.

Цього вистачить на бакалавра в Україні і магістерку за кордоном. Якщо він захоче топ-коледж у США чи Великій Британії, доведеться вигравати гранти. А можливо, на той час вже дистанційна освіта буде такою розвинутою, що їхати нікуди не доведеться. У будь-якому разі, це буде його вибір. Ми як батьки забезпечуємо посильний нам фундамент його освіти. Навіть якщо він захоче заснувати стартап, ці гроші теж знадобляться :)

ІСТОРІЯ 15-РІЧНОГО ЕКСПЕРИМЕНТУ

Уявіть, що ви відкладаєте по 100 доларів щомісяця (1200 на рік) вже 5 років. І тут на фондовому ринку настає криза. Мало того, що ви не заробили, у вас навіть менше ніж 6000, які ви старанно збирали. Чи злякаєтеся ви? Покинете інвестування? Якщо ви недосвідчений інвестор без фінансового планера, то, ймовірно так, продасте всі активи у паніці.

Чи радше поставите інвестування на паузу. Бо внести наступні 1200 буде ой як важко психологічно. Ви вирішите почекати, поки ринок піде знову вгору. Утім, це буде вашою помилкою.

The Schwab Center for Financial Research[36] 2013 року провів дослідження стратегій інвестування 2000 доларів щороку з 1993 до 2012 в американський індекс S&P 500. Було п'ять типів інвесторів:

- все мали на депозитах (stay in cash);
- інвестували раз на рік, як тільки були гроші;

НАВІТЬ НЕСВОЄЧАСНЕ ІНВЕСТУВАННЯ ВИГІДНІШЕ, НІЖ НІЯКЕ

Джерело: Graph from Riepe 2013

36 Riepe 2013

- «розбивали» інвестицію на 12 місяців і купували щомісяця;
- інвестували того дня й того року, коли ринок на піку (Mr. Loser);
- інвестували того дня й того року, коли ринок у найнижчій точці (Mr. Perfect).

Зрозуміло, що за двадцять років найбільше у того, хто купував у найнижчій точці кожного року. Однак друге місце вас здивує — воно у тих, що купували, як щойно перевели гроші!

Якщо вас не переконало і це дослідження, ось історія відомого фінансового радника Володимира Савенка[37], автора книжки «Мільйон для моєї доньки».

З 2003 року він починає відкладати на освіту доньки Аліси по 100 доларів щомісяця в той же американський індекс S&P 500. Під час кризи 2008 року в нього на рахунку менше, ніж він вклав. Володимир продовжує інвестувати далі і на кінець 2018 року виходить на 10% річних в середньому.

У кінці 2019 року Катерина Венжик запитала у Facebook: «Який продукт ви б порадили для «дитячих» накопичень?». Їй швидко написали понад 100 коментарів. Якщо їх усі перечитати, то в голові буде каша.

Я щиро вірю, що після прочитання цього розділу у вас з'явилося розуміння, як відкладати на дитячі цілі. Що раніше ви почнете, то легше вам буде. У добру путь!

37 По 100 доларів на місяць 16 років поспіль: як Володимир Савенок заробив доньці на університет за допомогою індексу акцій. Детальніше див.: Савенок В. Миллион для моей дочери. Пошаговый план накоплений. Естественные законы в бизнесе. – М. : Манн, Иванов и Фербер, 2014. – 132 с.

МІЛЬЙОН ДЛЯ МОЄЇ ДОНЬКИ

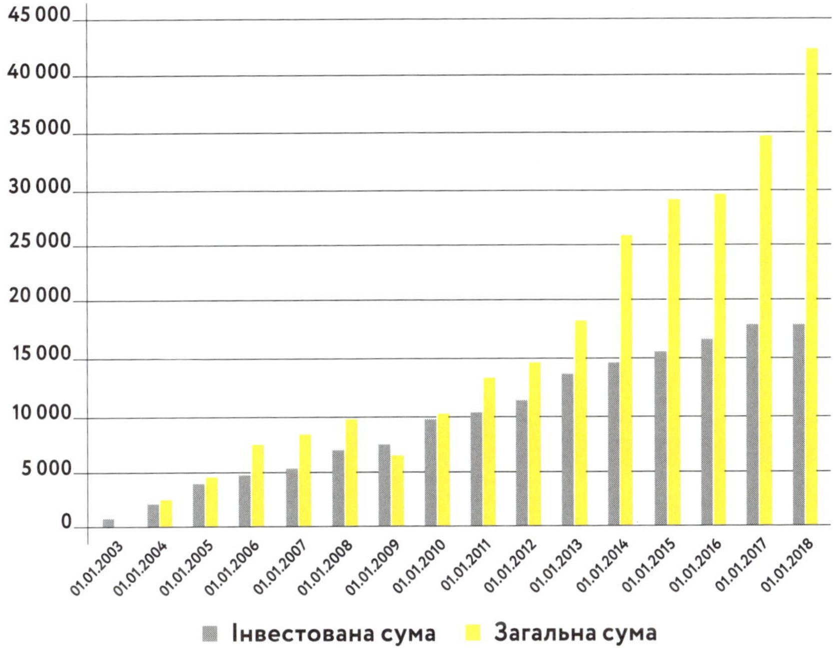

РОЗДІЛ 11

ЯК БАГАТО ДОСТАТНЬО. ЦІННОСТІ

На відкритті Клубу фінансової грамотності в Ірпінському ліцеї інноваційних технологій ми граємо в «Життєвий Капітал» на чотири столи. Два столи підлітків і два столи батьків та вчителів.

Я звертаюсь до підлітків: «Скажіть, будь ласка, а скільки грошей потрібно людині для щастя в Україні?». Декілька голосів наперебій кричать: мільйон доларів. Я пишу суму на дошці і ставлю наступне запитання: «А чому саме стільки?».

Відповіді на це запитання у дітей немає. Чесно було б сказати: так говорять на YouTube. У дитячих головах сидять чужі установки фінансового успіху, які їм нав'язала медійна машина.

Насправді, 1 мільйон доларів капіталу з 5% річною дохідністю після податків – це 50 000 доларів пасивного доходу на рік, тобто більше 4000 доларів на місяць. Я знаю з досліджень і власної роботи з клієнтами, що середній клас найчастіше відповідає:

в проміжку 2000–5000 доларів для комфортного життя на пенсії. Як бачите, іноді не потрібно накопичувати мільйон капіталу.

Якщо взяти збалансовану ставку дохідності 7% після податків, то для пасивного доходу в 2000 доларів потрібно 343 000 доларів. У мене не вистачає часу пройти цю математику з дітьми, бо потрібно починати гру.

Англійською мовою фраза «А скільки ж потрібно для щастя» звучить просто: «How much is enough». Універсальної відповіді на неї немає. Бо хтось мріє стати власником яхти, комусь достатньо яхту орендувати, а комусь покатушки на велосипедах значно цікавіші за прогулянки на яхтах.

ГОРИЗОНТАЛЬНІ ТА ВЕРТИКАЛЬНІ ВПЛИВИ НА ВАШИХ ДІТЕЙ

– Але ж у всіх в класі є це (айфони, бейблейди, худі з Людиною-павуком...).

– Вони всі їдуть на літо (у табір під Києвом, на море, в Діснейленд...).

Ці класичні заяви повторюються десятиліттями. Змінюється лише предмет бажань, який буцімто мають/роблять усі однолітки. Вже багато написано про методики роботи з такими запитами. У крайньому разі навіть доводиться обмежувати коло спілкування.

Дієвою порадою, на мою думку, є можливість взаємодіяти з представниками різних соціальних груп різного достатку. Одна моя знайома сім'я регулярно завозить з дітьми речі в дитячий будинок. Перший раз у дітей був культурний шок, але далі вони зрозуміли, що не всім так пощастило з мамою і татом. Такі активності також розвивають навик віддавати.

Одна родина розповіла, як їхня десятилітня донька прожила три тижні в іншій родині у селі. І навіть навчилася доїти корову :) Життя в інших умовах розширило світогляд дівчини, і вона стала краще розуміти інших людей.

У рамках проєкту «Відкрита Хата»[38] передбачається:

- обмін дітьми шкільного віку між сім'ями (та школами) з різних регіонів України;
- обмін дітьми шкільного віку між сім'ями (та школами) України та іншими країнами (особливо тими, де проживає активна українська діаспора).

Найчастіше джерелом прикладів є однокласники, тож батькам варто активно спілкуватися між собою. Бажано не тільки у Viber-чатах, а на батьківських зборах теж. На національному EdCamp у Харкові я дізнався, що ГО «Смарт Освіта» підготувала Меморандум про співпрацю між педагогами, батьками та учнями для побудови педагогіки партнерства. Документ дає змогу кожній шкільній громаді доповнити його своїми змістом, розділами та спільними правилами. Уже реалізовано кілька пілотних проєктів.

Новинка XXI століття – сильні вертикальні впливи на ваших дітей. Бренди завжди під рукою у смартфоні. Мене дивує наївність батьків, які кажуть: моя дитина не дивиться реклами, у нас взагалі телевізора немає. Я вірю, що телевізор не дивить-

38 https://www.openkhata.org/?page_id=1355

ся. Але ж реклами повно на YouTube, де сучасні діти і споживають відео.

Корпорації з багатомільйонними бюджетами на маркетинг швидко адаптуються до змін у поведінці поколінь. Є цілий розділ маркетинг-впливу через зірок і популярних блогерів. Поки батьки спілкуються у Facebook та Viber, українська молодь – в Instagram та Telegram. Ми не знаємо, якими Telegram-ботами користується малюк. І які канали він читає. Не розуміємо, хто лідери думок в Instagram і що вони «продають» дітям. Та зважаючи на вартість одного посту – 1,3 млн доларів у Кайлі Дженнер, моделі і засновниці косметичної компанії – припускаю, що така реклама працює дуже потужно.

Для нас зрозумілою є модель співпраці Роналду з Nike та Мессі з Adidas, і ми приймаємо її як частину великого спорту. Однак, що бренди «продають» через сучасні комп'ютерні ігри?

У часи мого дитинства нам купували ігрову консоль і картриджі до неї. З 1990-х років відбувався неймовірній прогрес у якості консолей та ігор, однак логіка витрат залишилася незмінною. Основна велика витрата – разова, потім витрати на ігри на фізичних носіях, кілька на рік в середньому. Зараз початок гри безкоштовний (freemium), і можна починати з будь-якого пристрою. Але щоб бути конкурентним, наприклад, у грі «Танки», доведеться купувати преміум-танки, навчання екіпажу, розширення казарми... Ви зрозуміли ідею...

Тож як подружжя може зменшити негативний вплив маркетингових грошей?

По-перше, змиритися з тим, що корпорації сильніші, і скасувати їхній вплив у сучасному світі ви не зможете. Навіть у глухому селі, якщо там є wi-fi :)

По-друге, виокремити покупки, у яких дитина може сама оплачувати брендову націнку. Припустимо, є якісна біла футболка, яка коштує 250 грн. Ви готові придбати таку. Дитина хоче іншу, аналогічної якості, лиш із зображенням Людини-павука за 400 грн. Ви щось чули про кіновсесвіт Marvel, однак у вашому розумінні Людина-павук та Аквамен одного поля ягоди. Раціонально запропонувати дитині доплатити 150 грн (400–250) з власного бюджету, і рішення передати їй. Це простий і впливовий спосіб, який діє для фізичних товарів.

Усіма силами розвивайте у дитини критичне мислення! За сприяння моїх друзів з Фонду Випускників України, українською мовою перекладено легендарний курс «Наука повсякденного мислення». Він доступний безкоштовно на платформі Prometheus.

У США батьки об'єднуються в громадські організації для захисту прав дітей і створення правил в освітньому середовищі.

І врешті, про головне – цінності. Саме цінності у центрі системи самозахисту від масованої атаки маркетингу на мозок і поведінку дитини.

РОЗМОВА З РОДИНОЮ, ЯКА СТВОРИЛА СІМЕЙНІ ЦІННОСТІ

Андрій Булах та Ірина Барвінченко виховують разом двох доньок та сина (від 7 до 17 років). Андрій – відомий український топ-менеджер, Ірина – домогосподарка, здобуває психологічну освіту, займається волонтерською діяльністю.

Розкажіть, будь ласка, як ви створили цінності родини?

На момент створення цінностей старшій дочці було тринадцять років, молодшій вісім. Ми зібралися вчотирьох, і кожен написав, якою бачить ідеальну сім'ю. Потім ми обговорили, що вийшло, і склали список характеристик такої сім'ї.

На другій стратегічній сесії Ірина писала, якою є ідеальна мама, Андрій — про батька, доньки — про свої ролі. Вийшло більше тридцяти різних характеристик.

На третій стратегічній сесії кожен обрав свої п'ять топ-характеристик. Далі ми обмінялися, що у кого, ранжували і визначили сім спільних ключових цінностей нашої родини. Купили рамочки, розфарбували їх у кольори веселки і повісили на стіні.

Як цінності імплементувати в життя, щоб вони не залишились тільки деклараціями в рамочках?

Ми присвячували цілий місяць одній обраній цінності. Наприклад, «Здоровий спосіб життя». На початку місяця кожен писав для себе завдання (регулярно ходити в тренажерний зал, не їсти пізно тощо). Ці завдання були відкритими для інших членів родини.

Чи інша цінність: «Ми ініціативні. Цікавимося. Пробуємо щось нове». На початку місяця донька писала, що хоче навчитися шити плаття.

У кінці місяця ми збиралися і дивились, хто що виконав. Не бувало так, щоб абсолютно все в усіх вийшло за місяць. З іншого боку, не було так, щоб нічого не вийшло.

Через кілька років провели ревізію цінностей. Виявилося, що не всі однаково розуміють їх. Тому дві цінності ми замінили, дві залишилися в такому формулюванні, як і були, решту підкорегували.

На основі цінностей ми також написали правила взаємодії в родині, де перший пункт був «Керуємось цінностями». В рамках цих правил був також розділ «Фінанси».

Більше року у нас діяла система грошових винагород. Кожну позитивну дію, як то вчасний збір в школу чи прибирання кімнати, ми відмічали смайлом.

Щопонеділка Ірина видавала зароблені кошти за смайли, а також показувала, скільки максимум можна було заробити. Така система допомогла сформувати потрібні навички, однак була важкою в адмініструванні. Тому згодом ми перейшли на кишенькові гроші. У тому ж розділі «Фінанси» ми пояснили дітям, що фінансують батьки, а що ні. Мова не тільки про щоденні потреби, а й про майбутнє: освіту, спадщину.

Чи платите ви за оцінки в школі?

Ні. Ми пояснили дітям, що в навчанні важливі знання і досвід, а не оцінки. Хоча премію за успіх можемо видавати, нещодавно Андрій так відмітив успіхи середньої доньки.

Розкажіть, як ви виховуєте в дітях вміння віддавати.

Ми заохочуємо ініціативи дітей. Наприклад, коли вони займалися разом малюванням у молодшій школі, то після курсу накопилося багато малюнків. Діти влаштували виставку-аукціон і вторгували певні гроші за картини. Ми з ними поїхали в «Таблеточки», де вони самостійно внесли кошти і отримали подяку. Їм це дуже запам'яталося.

Також вони беруть участь у різних благодійних ініціативах, які ті ж «Таблеточки» організовують.

Можна віддавати не тільки гроші, а й час. Старша донька в рамках шкільних волонтерських програм відвідувала будинки для літніх людей.

Як виховувати терпеливість у дітей?

Ми це називаємо «воля». У китайській філософії є навіть етапи стосунків: дитина-бог, дитина-раб, дитина-товариш. Для нас важливо навчити дітей виконувати правила, перш ніж давати їм свободу.

На Новий рік і день народження ми купуємо подарунки-сюрпризи. На Різдво діти пишуть листи з побажаннями, і потім це отримують на свято.

Наприклад, у нас середня донька дуже любить тварин. Але не було, що захотіла собаку і ми одразу купили. Ми попросили її вивчати тему догляду за собаками. Вона читала, дивилися спеціалізовані відео. І тільки коли ми побачили у неї розуміння догляду за домашньою твариною, у нас з'явилася собака. Зараз схожа історія із морською свинкою.

Ви граєте всією родиною в покер. Для чого це дітям?

Дійсно, з семи років кожна дитина починала з нами грати. У грі є комбінація математики, психологічної стійкості і вміння розуміти емоції інших.

У грі теж є банк фішок, який потрібно контролювати. А психологічна стабільність навіть більш важлива, ніж вміння прораховувати всі шанси. Та й це просто веселий сімейний час разом.

Останнє запитання філософське. Дитина вчиться у хорошій приватній школі, і у неї є все, що необхідно. Як узагалі створити в дитини інтерес до теми грошей?

У вже згаданих правилах ми прописали, що фінансуємо лише середню освіту. А на спадщину взагалі розраховувати не варто, бо ми збираємося жити довго :)

Також ми проговорили з дітьми, що для них «щастя». І з'ясували, що це певною мірою радість від досягнення. Якщо батьки мають на меті дати дітям різноманітні блага, то таким дітям важко знайти свою мрію, і як наслідок, важче отримати радість від досягнення.

Ми не ставимо за мету, щоб наші діти багато заробляли. Ми дуже хочемо, щоб вони реалізувалися. Щоб вони гарно робили свою справу, отримували самі від цього задоволення, і ця справа приносила користь іншим. Ми віримо, що таке поєднання принесе їм і фінансовий дохід, і відчуття щасливого життя.

Що є добре, а що погано?

Є думка, що маятник батьківського виховання хитнувся від авторитаризму до ліберальної демократії за останні п'ять років. Багато приватних шкіл і садочків перестали встановлювати правила і норми поведінки. Вчителі перетворились на аніматорів.

Я не берусь таку думку коментувати. Наш малюк тільки почав свою біологічну дослідницьку програму «Що можна» і «Що буде, якщо порушити правило».

Ми з дружиною не ускладнюємо питання системи цінностей і не винаходимо нову. Вона вже є, написана і випробувана століттями. Сучасний світ ставить під питання багато стереотипів та ролей, проте базові християнські цінності залишаються незмінними.

Для декого християнське виховання – це навчити дитину молитися, для декого – ходити до церкви, для декого – щоб діти були чемні і слухалися батьків. Я тут процитую свого великого тезку Блаженнішого Любомира Гузара, який говорив, що «для християнина найважливіше – бути людиною».

І згадаю його слова з інтерв'ю для газети «Дзеркало Тижня» 2013 року: «Якщо працюватимемо над собою, прагнутимемо набути гарних думок, звичок, тоді матимемо велике майбутнє».

СТАВСЯ ДО ІНШИХ ТАК, ЯК ХОЧЕШ, ЩОБ ВОНИ СТАВИЛИСЯ ДО ТЕБЕ

«Люби ближнього твого, як самого себе» (Мт. 22:35–46)) – основа християнської моралі. Ми часто чуємо це у проповідях священиків.

Українці Назар та Світлана Лукасевич жили кілька років у Швейцарії, а зараз переїхали до Праги. Дві доньки навчаються в європейських школах. Тож родині є чим поділитися як із сімейних традицій, так і зі шкільних.

Щовечора, перед сном, кожен з нас говорить, за що вдячний цього дня. Від дітей це часто несподівано – за цікаву книжку, за піцу, за жарти друзів, за гостей.

– Листівки вдячності друзям після святкування дня народження.

– Відео, текст вдячності, коли отримали подарунки.

– І, звичайно, власним прикладом у повсякденному житті: разом дякувати офіціантам, водіям, продавцям…

У школі багато говорять про доброту загалом — спільне обговорення конкретних книжок, приклади людей, які зробили щось добре для інших. У розмовах з дітьми завжди вживають «будь ласка», «прошу», «дякую». У звітах для батьків описується поведінка дитини, як вона допомагає, взаємодіє з іншими дітьми.

Мені, наприклад, часто пишуть: Дарина допомагала багато новій дівчині в класі, я бачу, що вона справді турбується, щоб її друзям було комфортно... Тобто турбота про інших «зашита» в щоденну роботу і стиль. Для батьків недавно була окрема подія, де нам розповідали, чому так важливо для дітей бути добрим і вдячним.

Коли діти роблять щось добре, це допомагає їм бути щасливішими і відчувати сенс своєї присутності. Кілька ідей, що вони робили:

1. *У передріздвяний час у холі була ялинка, на яку діти могли вішати листівки з описом, що доброго вони зробили. Допомогла сестрі, прибрала стіл після вечері...*
2. *В одному з класів був челендж: що доброго я зробив для людини, яку зовсім не знаю. Привіталася з незнайомою людиною, подякувала водієві...*
3. *У Дарини в класі при закінченні шкільного року вони робили день, присвячений одній людині. В кінці дня одній дитині всі писали позитивний фідбек: чим вона особлива, за що її цінують і за що їй вдячні. В кінці року кожен мав набір позитивного фідбеку про себе.*
4. *Перед Різдвом можна було вибрати дитину з дитячого будинку (був окремий список з описом інтересів дитини) і підготувати подарунок. Потім ці подарунки відвезли дітям.*

5. *На літо діти в першому класі мали календар з ідеями, що доброго можна зробити кожного дня — подякувати за вечерю, допомогти прибрати, подзвонити другові…*
6. *Одного дня в класі була коробка зі всіма іменами, і діти вибирали ім'я, кому саме вони мають робити добрі справи протягом тижня. Тут ще момент емпатії і розуміння іншого.*
7. *Для першокласників є лавка дружби — якщо ти відчуваєш, що тобі самотньо чи сумно, то можна сісти на лавку, і хтось підійде і допоможе тобі.*
8. *У п'ятому класі школярі раз на тиждень ходять до дітей у садочок. У кожного є свій підопічний — вони разом граються чи розпитують, що вони роблять/вчать. Це така можливість розуміти, відчувати інших, піклуватися.*
9. *Treat someone as you want to be treated. Стався до інших так, як хочеш, щоб ставилися до тебе. Фраза, яку діти постійно говорять.*

РОЗДІЛ 12

ЩО ДАЛІ...

А ми на морі :) Набір іграшок, який ми взяли із собою: відерце, лопатка, дві машинки, паровозик і набір із чотирьох різнокольорових формочок.

Ярослав уперше в житті на пляжі, і йому дуже подобається! Він готовий годинами будувати пасочки і пересипати пісок.

Сумно було б, якби наша родина не могла собі дозволити поїздку на море чи купівлю іграшок. В той же час, якби у нас було десять великих машинок на найкрутішому приватному пляжі, не це б ощасливило нашу дитину.

Згадаймо Людмилу Петрановську і її відому книжку «Таємна опора»[39]:

> *Якщо чесно, дитині не потрібно приблизно три чверті з усього, що йому купує типова міська сім'я з середнім рівнем доходів. Є можливість — чому б і не купити, адже це так радує батьків.*
>
> *Але ось доводити себе до виснаження додатковими заробітками, виходити на роботу завчасно, щоб «все було на рівні» — навіщо?*
>
> *Не варто жертвувати спілкуванням з дитиною заради того, щоб «дати йому все найліпше». Ліпше вас і ваших обіймів на світі все одно нічого немає. Довіру і душевний спокій дитини не купиш ні за які гроші.*

Ярослав ще не знає про функції грошей для збереження вартості та універсального засобу обміну. Та вже вчиться взаємодіяти зі світом.

Одного дня він об'єднав іграшкові активи з дівчинкою-сусідкою, і вони гралися разом. Було більше іграшок і веселіше :)

Іншого разу ми поміняли помаранчеву машинку з краном на зелену вантажівку до вечора. Кілька разів мінялися відерцем

39 Петрановська Л. Таємна опора. Емоційний зв'язок у житті / пер. з рос. О. Рибки. – Харків: Vivat, 2018. – 224 с.

з іншими дітьми. Тренд економіки спільного[40] сильний і зростатиме в майбутньому. Коли наші діти виростуть, то, ймовірно, не буде сенсу володіти машиною у Києві чи Одесі.

Були випадки, коли у нас дітки брали іграшки на кілька годин просто так. І навпаки теж. Не все має бути предметом обміну. Іноді люди спроможні на добрі вчинки просто так, коли у них є можливість і бажання.

Я переклав українською відео Уоррена Баффета з його словами: «Коли тобі виповниться 65, ти хочеш любові людей, які поруч. І якщо вони дійсно тебе люблять, це і є успіх! Кожен у такому віці, маючи люблячих рідних і близьких, має радість у житті. Водночас я бачив дуже багатих людей, які мають славу і гроші, але їх ніхто не любить».

Тож бажаю вам виростити фінансово успішних дітей! Подарувати їм щасливе дитинство. Радіти разом з ними першим крокам і першим самостійним заробіткам.

Бути поруч, коли їм це потрібно. Розділяти біль помилкових рішень. Любити їх, незважаючи на провини.

Створити і підтримувати сімейні традиції. Збиратись великою родиною на Різдво, Пасху чи коли ви того хочете.

І щоб ваші діти любили вас.

Нехай «Малюк та Бюджет» вам допоможе у всіх світлих намірах.

Любомир.

Ірпінь, Київська область, Україна.

Січень 2020 року.

40 Sharing economy – спільне користування ресурсами. Приклади компаній: Uber, Airbnb, Bla-bla car та інші.

ПОДЯКИ

Дякую моїй дружині Віолетті та сину Ярославу за любов і натхнення, які вони мені віддають щодня.

Подяки нашим батькам Остапу та Ларисі, Геннадію та Інні, дяді Любомиру й тьоті Оксані та їхнім родинам, сестрам і братикам, обом прабабусям й усім нашим рідним. Ви точно вплинули на зміст книжки через наше дитинство і доросле життя.

Дизайнеру Вікторії Бардо за дизайн обкладинки. Початкова версія, яку ми з Вікою придумали, була така, як унизу. Через пів-року ми на неї подивилися і зрозуміли, що варто переробити. Креативним директором проєкту нової обкладинки стала Віолетта.

Дякую Петру Бондаревському та Internet Investments Group за підтримку моєї першої україномовної книжки «Любов та бюджет».

Без його підтримки вона б не стала такою успішною. А я відповідно отримав порцію натхнення писати далі.

Фінансовим планерам iPlan.ua Славі, Сергію, Василю, Інні, Олександрі за матеріали для книжки. І за щоденну просвітницьку роботу для фінансової обізнаності дорослих українців.

Дякую всім, хто погодився на інтерв'ю чи допис. Ви справді допомогли збагатити книжку історіями зі своїх сімей.

Моєму товаришу Паші Шевчуку, який порадив підназву «Як виховати фінансово успішну дитину» замість «Як виховати фінансово грамотну дитину». Знати, як правильно, мало, потрібно діяти.

Артему Власюку, науковому редактору цієї книжки. Він надзвичайно уважний до деталей і добре знає українську мову. Очевидно, мені й того, й іншого часом бракує.

Усім, хто відгукнувся на мій пост у Facebook: «Шукаю художні та документальні фільми з фінансовими уроками для підлітків». І персонально Олені Власюк за рекомендацію «Клауса» :)

Студенту Києво-Могилянської академії Євгенові Рябцуну за допомогу в роботі над книжкою і долучення до популяризації фінансової грамотності.

Команді Yakaboo Publishing: без вас ця книжка не була б такою якісною і корисною українським батькам.

ПРО АВТОРА

Любомир розпочав свою професійну кар'єру 2005 року, повернувшись в Україну після однорічної програми робочого стажування в США. Спершу працював у Deloitte & Touche, згодом були роки розвитку фінансової кар'єри.

2011–2017 роки – співпрацював/консультував провідні українські технологічні стартапи.

З літа 2017 року – сімейний фінансовий радник, партнер сервісу планування фінансового життя iPlan.ua.

Хобі: волейбол, біг, плавання, футбол, подорожі, книжки.

Виховує з дружиною Віолеттою малюка Ярослава.

Автор першої україномовної книжки про сімейний бюджет для молодих пар «Любов та бюджет».

Освіта:

2003 — бакалавр економічних наук (НаУКМА).

2009 — склав останній з іспитів АССА.

2011 — Executive MBA, Києво-Могилянська бізнес-школа.

Громадська діяльність:

Заснував 2014 року соціальний проєкт фінансової грамотності українців «Сімейний Бюджет».

Співзасновник Клубу випускників економістів Києво-Могилянської академії.

Учасник проєкту «Нові Лідери» (2019).

ТАКОЖ ВІД ЛЮБОМИРА ОСТАПІВА

«Любов та бюджет» не є книжкою про те, як заробити гроші, це книжка про те, як керувати заробленим. Більшість підходів і практичних порад адресована людям, які недавно, або порівняно недавно, живуть разом і відтак керують не тільки особистим, а й сімейним бюджетом.

Любомир Остапів проходить із ними увесь шлях до фінансової свободи – від перших незручних розмов до вибору інструментів для обліку та планування, прийняття рішень щодо банку, кредитів та інвестицій.

Увесь світ п'ять років тому домовився, що до 2030 року ми маємо істотно збільшити кількість людей, які володіють затребуваними навичками для працевлаштування, отримання гідної роботи та ведення підприємницької діяльності. Якісну освіту треба розпочинати змалку. Книжка Любомира Остапіва «Малюк та бюджет» доступною мовою пояснює засади фінансової грамотності для дітей, спонукає змалку вчитися розумно витрачати гроші та планувати свої доходи й витрати. Для дітей читання цієї книжки спільно з батьками – найкращий спосіб разом розібратися в дорослих питаннях.

Тетяна Сахарук,
Генеральна директорка Мережі Глобального Договору ООН в Україні

UN GLOBAL COMPACT
Network Ukraine

ПАРТНЕРИ СОЦІАЛЬНОГО ПРОЄКТУ «СІМЕЙНИЙ БЮДЖЕТ»

Якщо ми хочемо змінити Україну на ліпше, то маємо почати з дітей!

Наша громадська організація «Діловий клуб "Партнер"» має на меті формувати в кожного громадянина України чітке розуміння цінності створення власного/сімейного капіталу як запоруки гідного життя та реалізації прав і свобод.

Одним з наших проєктів є відкриття клубів фінансової грамотності в школах. За 2018–2020 рр. ми організували понад 10 000 годин волонтерських тренінгів у понад 300 навчальних закладах України й відкрили 101 клуб. Прагнемо відкрити ще 15 500 таких клубів.

Клуб фінансової грамотності – це спільнота дорослих і дітей, які прагнуть здобути фінансову культуру, навчитися усвідомлювати свої ресурси й ефективно їх використовувати.

Мета клубу – навчити учнів (а разом з ними і дорослих):

- навичкок поводження з грошима;
- принципів прийняття рішень;
- активній життєвій позиції та відповідальності;
- визначати й відстоювати власні інтереси;
- розуміти інтереси інших;
- комунікувати і домовлятися;
- планувати і ставити цілі;
- оцінювати варіанти рішень;
- розуміти наслідки своїх дій і бездіяльності;
- уміти визначати різні види ресурсів і взаємодіяти з ними.

Для цього нам потрібні партнери, які разом із нами у своїх школах відкриватимуть такі клуби.

Ми звертаємося до випускників шкіл: допоможіть створювати такий клуб у школі, яку ви закінчили, запустіть проект, який працюватиме протягом багатьох років, надаючи дітям практичні навички, що знадобляться їм протягом життя.

Ми звертаємося до директорів шкіл: подбайте про відкриття такого клубу в своїй школі – через рік ви матимете новий рівень процесів розвитку дітей, учителів і батьків, їхню участь у розвитку школи й у спільних проектах.

Ми звертаємося до викладачів: створіть такий клуб у своїй школі – і самі станете фінансово грамотні, на принципах партнерства і взаємовигоди організуєте процес командо-утворення в класі, зацікавите дітей учитися, а батьки стануть вашими справжніми партнерами.

Ми звертаємося до батьків: допоможіть відкрити такий клуб у школі, де навчаються ваші діти, – ви підготуєте їх до реального життя. Цей клуб навчить дітей знати свої життєві капітали (час, гроші, знання, зв'язки) й уміло їх використовувати. Він навчить дітей цінувати вас, адже вони розумітимуть вартість грошей і ваші зусилля.

Реєстраційна форма для відкриття клубу тут:
http://qoo.by/5iAF

Відеоінструкція з відкриття клубу тут:
https://youtu.be/Gyr8T7qA2ZM

Сторінка проекту тут:
https://www.facebook.com/clubsfinancialliteracy/reviews/
Запрошуємо до співпраці освітян, батьків, представників органів місцевого самоврядування й усіх зацікавлених!

Лише разом #Ми_змінюємо_країну

ПАРТНЕР
діловий клуб

Науково-популярне видання

Любомир Остапів

Малюк та бюджет
Як українським батькам виховати фінансово успішних дітей

Літературне редагування О. *Думанської*
Дизайн обкладинки *В. Бардо*
Макет, ілюстрації та верстка *В. Гавриша*
Коректура *С. Карпети, Н. Скосарьової*
Відповідальні за випуск *С. Андрющенко, К. Деспаті*

Підписано до друку 13.11.2020 р.
Формат 70×90/16. Друк офсетний. Гарнітура Circe, Circe Slab
Наклад 2500 прим. Зам. № 20-11-1202

Видавець: ТОВ «Якабу Паблішинг»
Свідоцтво про внесення до Державного реєстру видавців
серія ДК № 5243 від 08.11.2016.
01025, м. Київ, вул. Воздвиженська, 52–54а
www.yakaboo.ua
тел. +38 (044) 225-05-05

Віддруковано АТ «Харківська книжкова фабрика "Глобус"»
61052, Україна, м. Харків, вул. Різдвяна, 11
Свідоцтво про внесення до державного реєстру видавців ДК
№3985 від 22.02.2011